DU MÊME BUISSON

1871-1895

DU MÊME BUISSON

DU MÊME BUISSON

1871-1895

Mon cher Buisson,

Vos feuilles nouvelles ont tout le charme des premières ; pour ceux qui sont autour de vous et pour vos amis plus lointains, les voici reproduites.

Dites aux uns et aux autres, s'ils ne le sentaient pas, qu'à recueillir pour eux ces témoignages de notre amitié, déjà comme nous plus qu'ancienne, j'ai éprouvé le même plaisir intime que j'avais eu à leur conserver ceux des commencements. Deux ou trois, que je croyais égarés, retrouvent place ici ; leur date en fait presque un document d'histoire.

Bien à vous,

Paris, avril 1893.

DU MÊME BUISSON

Salle des Conférences, 13 février 1871.

Nous nous sommes constitués hier, mon cher ami ; la France a un pouvoir sorti de ses entrailles : tâchons de relever la tête.

Ma carte aura croisé votre lettre qui tombe une des premières dans nos locaux improvisés.

Joseph est à Interlaken en Suisse, il m'écrit avec un grand sens et une maturité rare sur la guerre et ses suites.

Votre lettre se trouve en singulier accord avec ma pensée. La proclamation de la déchéance m'apparaissait comme un début essentiel ou très utile pour couper court aux obsessions latentes des campagnes ignorantes ou aux projets Bismarck. Je ne trouve pas l'idée dans l'air des élus. Thiers prétend qu'au fond Bismarck n'y pense pas. J'ai passé hier deux heures à causer avec lui, le fond de cette nature est d'être toujours intéressante. Mais j'ai remarqué l'absence dans sa conversation des idées et même des noms de choses et de réformes qui tentent les jeunes. La France me semble à refondre, il ne semble penser qu'à l'étayer.

Isolement des membres du Comité de la défense, à la salle des conférences hier. C'était dégoûtant. Je suis allé à Jules Favre : « Je vous suis inconnu, Monsieur, mais tout le monde en France a bien le droit de serrer cette main. » Tel que l'on soit, on n'est pas insensible à ces témoignages, sa bouche amère a souri doucement. Je l'ai dit à Thiers le soir. Il conseille de conserver au moins deux membres du Comité dans le nouveau ministère, Jules Favre et Picard. Grévy lui irait comme président, etc.

Il m'a intéressé par les réponses à mes interrogations sur le 4 septembre, par sa causerie sur Bismarck. J'ai pris note de cette soirée d'hier. Comme impression d'ensemble, la masse libérale incline à fonder sur ce qui est, les légitimistes s'illusionnent. Ce regain auquel le scrutin de liste ôte toute signification de personne et d'opinion les met en goût de rêver. A la fin, en haine de l'orléanisme, ils voteront la République. Tous y viendront, qui d'un côté, qui de l'autre.

Je partage votre manière de voir sur l'attitude à tenir vis-à-vis de la Prusse : mais elle n'est pas ici générale, les chefs et la majorité me paraissent moins fiers. Je sens dans mon âme un frémissement à ce sujet. Qu'en sera-t-il ? Ce grand souffle de paix me semble devoir être dirigé d'en haut. Nous ne sommes pas faits pour obéir aux masses ignorantes, bien qu'elles aient droit à parler, donnant leur sang et leurs biens, mais pour diriger et interpréter dans le sens haut et patriotique le cri de la lassitude universelle.

Mon ami, les jeunes prendront-ils la tête bardiment, rejetant les replâtrages et cherchant dans les amas de décombres le bloc qui doit devenir la France nouvelle ? Je me sens sculpteur, mais bien timide, insuffisant, solitaire. Aidez-nous dans la presse. Jean Paul persiste à se préoccuper plus encore de la patrie que de son adoré frère. Mon frère, s'il venait à mourir, dit-il, a sa palme là haut, mais la patrie n'est que de ce monde ; il faut qu'elle soit récompensée ici-bas, relevée ici-bas. Si elle venait à succomber, le deuil serait sans retour. Brave enfant, la sécurité de l'un, l'élan de l'autre me laissent l'esprit plus libre à la besogne.

Hommages à Mme Doniol, une embrassade à votre fille. Amitiés bien vives. Écrivez-moi 21, rue Montbazon ou à la questure.

Votre

J. Buisson.

Bordeaux, 18 février 1871.

Mon cher ami,

.... Nos avenues sont encombrées de préfets et sous-préfets de l'Empire, y compris Dulimbert. Je me prends à rougir en me trouvant devant cette disette, après avoir tant de fois reproché aux républicains leur misère.

Nous avons eu hier, après deux maladresses qui ont jeté l'angoisse et le trouble dans l'Assemblée, une fort belle fin de journée, unie, digne et politique. Et voilà qu'aujourd'hui le temps s'est passé en récriminations inutiles et stupides. Gauche farouche, droite nerveuse, pointus des deux côtés, attirant et se renvoyant électricité positive et négative avec une déplorable aigreur. Il faut bien se dire que tout cela est inévitable avec sept cent cinquante membres, l'éducation du temps, la surexcitation du moment, l'inexpérience, le tempérament, etc., etc.

Au fond, il y a beaucoup d'hommes dans les idées de liberté et de pratique libérale nouvelle ; la tâche sera de se grouper pour agir dans ce sens avec ensemble.

Je persiste à vous prier de m'écrire malgré l'éloignement. Vos lettres me sont fort utiles. L'Assemblée n'ira à Paris qu'à bonne enseigne. Garde nationale armée à tort et à travers et pas d'armée, elle trouve cette situation peu engageante. Je ne serais pas étonné que les idées ne se réunissent peu à peu sur Versailles, riche en abris publics et privés et facile à défendre contre l'émeute.

Ce que vous appelez glacière provinciale n'est pas si froid que vous le pensez, et ce que Paris nous a envoyé n'a pas la chaleur fort sympathique. Il y a un peu de tout. Le goût de la parade, l'irritation, la violence, l'exagération, le parti-pris de la menace chez beaucoup, chez quelques-uns une tenue extra sociale, un parfum de Bohême. Quoi encore? des savants d'aspect excentrique, originaux. Je souffre d'être obligé de ne pas dessiner.

Hommages, souvenirs à Mme Doniol, une embrassade à votre fillette.

A vous de cœur.

JULES BUISSON.

Le 27 février 1871.

MON CHER AMI,

Vous vous feriez difficilement une idée de la difficulté qu'il y a à se rencontrer entre représentants (750). J'ai été obligé de chasser Bardoux comme un lièvre.

. . . .

La nomination de M. Calmon au poste de sous-secrétaire d'État pour l'intérieur dessine les projets de Thiers. Il me les a, d'ailleurs, étalés tout au long avec une bonne volonté qui a fait croire à son entourage que j'étais lié avec lui depuis longtemps. S'il n'a pas pris de portefeuille, c'est pour imprimer la direction à tous les ministres, particulièrement à ceux de la guerre, des finances, de l'administration intérieure, des affaires étrangères. Il est donc possible qu'il se soit réservé une part qui rognera les ailes de Picard. Ce dernier n'arrive pas. Je ne puis pas vous dire dans quel état nous sommes. La signature des préliminaires de paix, sans autres détails, nous tient navrés. On n'augure rien de bon de ce mystère. Thiers ne vient que demain matin. L'unique chose faisable s'ils ont été trop durs, la passivité et l'appel à l'Europe, est si inusitée historiquement, si nouvelle, si incorrecte, si difficile de l'absence de gravité et de force solide dans la France actuelle....... D'un autre côté, la réalité est si cruelle quand on entre dans le détail de nos finances, de nos armées, de notre administration intérieure que la continuation de la guerre, c'est plus de ruine et plus de honte. Voilà pour le présent. Pour l'avenir, avec le déficit probable de récolte et le drainage de notre argent, c'est la famine. Ajoutez, mon ami, que ces cuistres qui rétablissent l'octroi sur le ravitaillement de Paris, qui exigent l'intérêt de la portion de contribution de guerre soldée ou traitée sur Londres et Berlin, videraient la maison comme des voleurs de cour d'assise avec le génie du pillage. Ne vous étonnez pas que ces atroces appréhensions fassent une trêve forcée pour les intérêts de reconstruction administrative, pourtant si graves et si pressants. Nous sommes tous en l'air pour chacun de nos départements. C'est la matière qui manque le plus ; on est exposé à verser à chaque instant entre l'ornière impériale et l'ornière légitimiste ; des situations comme la vôtre sont tout à fait exceptionnelles. Je parle de vous aux distributeurs en ces termes : il est des rares candidats à la hauteur vraie des préfectures ; hâtez-vous de le saisir.

Hommages à votre femme, une embrassade à votre fillette. Mille amitiés.

JULES BUISSON.

La Bastide-d'Anjou, 21 octobre 1873.

Mon cher ami,

Je suis horriblement peiné, sentant bien que je ne pourrai rester ici jusqu'au 5 octobre. Tout le monde me pousse par les épaules, et moi-même je me sens poussé par le devoir.

Je ne vous dirai qu'un mot de politique : nous voterions probablement d'une manière différente si vous étiez à l'Assemblée, mais nous resterions amis, bien que nos raisons de voter différemment soient plus *foncières* (pardon de cet horrible mot) que celles de beaucoup d'autres. Je crois rentrer dans cette définition que je donne du conservateur : — un *conservateur* est celui qui entend conserver l'esprit de ce qu'on appelle, en Occident, la civilisation chrétienne, et qui croit que cet esprit peut suffire à tout le développement moderne et qu'il doit l'animer; — un *radical*, au contraire, nie la possibilité de continuer ce développement avec l'esprit chrétien; il entend l'extirper, le remplacer par un ensemble d'idées différentes ou contraires. Ne seriez-vous pas un radical théorique? ou du moins un indifférent à tout cet ordre d'idées que je regarde comme vital?..... mais j'ai tort de commencer une causerie que je ne peux pas finir.

Je vous envoie discours de distribution des prix, discours de comice que vous n'aurez pas le temps de lire. Tout n'a pas été vacance dans mes vacances. Où est le temps du loisir et des occupations douces?

Les miens vont bien. Votre femme aura-t-elle rapporté d'Antibes assez de santé pour supporter l'hiver de Nancy? Je le désire de toute mon âme.

Amitiés pour vous, hommages pour elle. J'ai parlé de vous avec M. le sous-préfet de Narbonne qui vous aime beaucoup. Adieu, mon cher ami.

Votre

Jules Buisson.

La Bastide-d'Anjou (Aude), 14 mai 1885.

Mon cher ami,

J'allais vous écrire pour vous communiquer le mariage de Madeleine. Elle doit se marier avec un ami intime et camarade de ses deux frères aînés, que nous connaissons depuis l'enfance et qui a bien peu de chose à faire pour devenir l'enfant de la maison. Il est notaire à ce gros bourg d'Avignonet dont vous avez entrevu le clocher dans nos courses à Naurouse. La situation est modeste, mais l'homme nous plaît à tous infiniment. Il a de la capacité, du cœur, du charme. Quand on vote dans sa commune, il ne lui manque guère qu'une ou deux voix sur 350 votants. Vous l'avez probablement vu ici. Ce mariage aurait dû se faire plus tôt. Ces enfants auront perdu du temps par suite d'une situation de famille......... Que Dieu me les bénisse et fasse fleurir ce bonheur retardé en des sèves généreuses !

J'ai reçu vos épreuves ce matin et les ai revues tout de suite. Vous me direz si vous êtes content du savetier. Je n'ai pas changé, j'ai changé le moins possible la forme du soulier. Ce n'est qu'une question de brosse et de cirage.

N'aurez-vous pas été trop empoigné par le compatriotisme sur la question Lafayette ? Je suis moi-même trop impressionné par le côté typique de la tête. J'ai gardé parfois vingt ans des impressions physiognomoniques sur des personnages. Après ces vingt ans la vérification historique sur documents de mon pronostic m'a plus d'une fois donné raison. A l'Assemblée, j'ai deviné tantôt la profession, la race, l'origine, les travers, les vices de mes collègues en les dessinant. Mme de Rainneville me disait : « Vous êtes terrible. » Eh ! bien, j'avoue que l'impression sur... les portraits de Lafayette, car je ne l'ai jamais vu, n'est pas favorable. Voyons si vous me convertirez [1].

Je bavarde et je n'ai pas le temps, bien que je le prenne. Amitiés, hommages, souvenirs. Bien votre, mon cher ami.

J. Buisson.

La Bastide-d'Anjou (Aude), 4 janvier 1886.

Mon cher ami,

Nos enfants rentraient à peine, nous apportant de vos nouvelles, que ma belle-mère a été atteinte d'une aphasie qui nous laisse tout inquiets passer la vie dans sa chambre à surveiller son mal et à trouver bien lente l'amélioration de son état. Je suis très affecté de l'épreuve

1. « Le côté typique de la tête », d'autres, mon cher Buisson, y ont été pris comme vous. Depuis cette lettre-ci, vous avez certainement trouvé que le La Fayette d'Amérique avait éveillé des sympathies de très haute marque absolument justifiées, et aussi qu'en parlant de lui je suis bien resté néanmoins dans la mesure. Si une femme très distinguée de son temps avait pu lire cette impression faite sur vous par la figure de mon illustre Auvergnat, elle vous eût répondu par celle-ci, née en elle de la connaissance ancienne et éprouvée qu'elle avait de lui, et par elle écrite, longtemps après, malgré de grandes dissidences d'opinion et d'attachements dans l'intervalle *. Elle le dépeignait là homme de cinquante ans, non plus gentilhomme de la cour dans la guerre d'Amérique. Encore à cette date elle reste étonnée d'un type de tête si mal accordé avec le fond. Les dissidences étaient venues pour elle de circonstances bien cruelles dont elle lui avait peut-être imputé plus d'une fois l'événement; elles ne l'empêchaient point de dire : « C'était une grande figure fade dont les yeux ne manquaient « cependant pas d'expression. En y regardant bien, on y trouvait de « la force et de la dignité. J'ai souvent ri de le voir rencontrer d'an- « ciens ennemis politiques du parti légitimiste qui croyaient le fou- « droyer de leurs regards indignés, pendant que lui souriait de pitié « de leur aveuglement, leur tendait la main avec une affabilité plus « impatientante que le ressentiment le plus amer..... Il vivait en Cin- « cinnatus dans une terre charmante, administrant comme un bon « fermier une fortune extrêmement restreinte, au milieu d'une famille

*. *Vie de la Princesse de Poix, née Beauvau*, par la vicomtesse de Noailles ; Paris, Lahure, 1855.

par où nous passons. Elle m'amène à réfléchir beaucoup sur le passé. D'abord, l'extraordinaire simplicité de cette vie remplie par un dévouement absolu à ma femme, à mes enfants et à moi, par l'ordre, la piété, me saisit par son unité. Puis, je me rends bien compte que c'est à la présence constante et effective de ma belle-mère que j'ai dû trente-six ans d'une indépendance, qui est exceptionnelle dans toute vie humaine. Comment ne lui en serais-je pas reconnaissant? Grâce à elle tous mes goûts, qui exigeaient large courroie, mouvement et voyages, ont pu être satisfaits en tout temps. Notre existence comporte ainsi certains rouages, dont nous ne nous mêlons pas jusqu'au moment où ils menacent de s'user.

Vous devinez, mon cher ami, que nous n'avons pu jouir, comme nous l'aurions fait en tout autre moment, de tout ce que nos voyageurs nous ont conté d'aimable sur nos bons amis parisiens, qui ont accumulé en quelques rapides journées les attentions les plus affectueuses et les plus délicates. Votre femme, au dire de Madeleine, parait maintenant avoir recouvré toutes ses forces et votre vie, doublée du charmant ménage Caze, me semble maintenant mieux ouatée. Tant mieux ; ces scélérats d'enfants nous sont si nécessaires ! Les nôtres se sont fort éclaircis. J.-Paul est maintenant à Castres, en bonne position pour se marier et avec le bon désir de le faire. Mais il est fort attaché par son métier, partant il a peu d'occasions, et, de plus, il a un fonds de timidité et de défiance de lui-même difficile à surmonter. Son frère ne bouge guère non plus, et ne brille pas par ses hardiesses pratiques. Tout cela compose un

« intéressante et vertueuse qui le respectait à l'exemple de son angé- « lique femme. » Dans tous les cas, Mme de Noailles ajoute ici ce qui suit et à quoi vous ne sauriez, tel que vous êtes, ne point vous laisser aller : « Mme de La Fayette, qui aura, dans l'histoire de son temps, « la plus belle place que les femmes puissent y occuper, éprouvait « pour son mari un enthousiasme tel que malgré son ardente piété, « dont M. de La Fayette était bien loin, elle n'eut jamais le moindre « souci du salut de son mari, persuadée que Dieu y regarderait à « damner un homme comme lui. »

ensemble peu favorable. Gustave est le seul qui nous reste. Il s'attriste de ne rien faire. Je me garde de lui enlever le sentiment de ce regret intellectuel, mais je sais qu'il s'émoussera à la longue. Celui-là aussi se marierait... Vous pouvez croire qu'en dehors de l'enfance j'ai été fort malhabile dans le métier de père ; mais j'ai beau me harceler, je ne me corrige pas de ma maladresse.

Au milieu de nos accidents, je n'ai pas avancé dans la lecture et l'étude de votre volume. Les labeurs typographiques sont hostiles au transport. Il leur faut le cabinet, et qui plus est une table libre. Les trois de mon atelier sont entassées, bondées, et j'écris parfois avec une planche sur les genoux. Cependant, pas plus tard qu'hier, l'une des trois a été faite *table rase* à votre intention. Je ne vous écrirai pas que je n'aie lu très lentement et très attentivement.

Adieu, mon cher ami, amitiés, hommages et souhaits de bonne année pour tous. Je ne puis m'empêcher de mêler à ces vœux une vague idée de jumeaux pour Mme Donatienne.

A vous de cœur.

J. Buisson.

En wagon, après Nevers, 30 mai 1887 [1].

Mon cher ami,

Je reviens par la pensée à nos conversations. Elles sont bien singulières.

Vous : les nations sont mortes par leurs prêtres, remarquez bien que ce sont toujours leurs prêtres qui les ont tuées.

Moi : aucune nation n'a survécu à ses Dieux.

1. Billet au crayon.

Il y a entre les deux pensées un fonds commun, c'est la croyance à l'importance des religions dans les destinées des nations; mais elles sont sur le rôle de la religion aussi divergeantes que possible.

Remarquez encore qu'après ces antinomies nous nous taisons l'un et l'autre, avec une discrétion amicale.

C'est que, si nous sentons que nous avons, sur des points capitaux, une manière très différente de penser, nous ne nous sentons pas moins amis. Pourquoi? Ah! de même qu'il n'y a pas de pourquoi contre Dieu (Bossuet), il n'y a pas de pourquoi contre l'amitié.

Et ce que cette amitié donne de secrets désirs de remplacer l'antinomie par autre chose, je ne vous le dis pas, encore par discrétion. Donc, ne discutons jamais et continuons à nous aimer chacun à notre manière, ne dissimulant rien, croyant à l'efficacité souveraine de la sincérité de l'âme et à la toute-puissance du cœur.

Ne vous étonnez pas de me voir écrire en wagon, dès que la locomotive est en train, je la suis. C'est une des habitudes de mon esprit.

Hommages de respect et d'amitié autour de vous; bien affectueux souvenirs de ce voyage, un petite tape à Bravo et bonjour.

Votre ami.

J. Buisson.

La Bastide-d'Anjou, 12 janvier 1889.

Mon cher ami,

Les *Feuilles de Buisson* sont aujourd'hui distribuées à mes enfants, à mes sœurs, à mes neveux et nièces, à mes amis. La réponse est un bien joli concert en votre honneur. Ce qu'il a d'affectueux pour moi me touche moins que ce qui va à votre adresse. Le sentiment de la famille se résume d'un mot : « Ce M. Doniol a du génie! » Mais ceci demande explication. Je ne puis me dispenser de vous la donner. Seule fille après quatre garçons, ma mère était adorée de son père et des sœurs de son père. L'une d'elles, ma grand'tante Mariette, célèbre dans nos souvenirs par des gâteries qui suivirent notre génération, lui contait un jour, que, venant de rencontrer dans la rue certain M. de Joulia, celui-ci l'avait ravie en lui disant : « Savez-vous, Mademoiselle Mariette, que votre nièce chante comme un rossignol! » « Ma chère, concluait-elle, il a du génie ce M. Joulia! »

Mes amis de l'*école Normande* écrivent : « Tous vos amis ont à remercier M. Doniol. Vous voilà dévoilé, par d'autres qu'eux, donc etc., etc... » — Je mets à part tous ces témoignages de renouveau affectueux que je vous dois. Je vous en aurais embaumé plus tôt, mais il n'y a pas eu que cette pluie de feuilles d'automne dans la maison depuis ma dernière lettre. Nous avons été bien en souci au sujet de Madeleine, menacée d'abord d'une opération qui est devenue, paraît-il, chose courante aujourd'hui, courante pour les médecins, toujours effrayante pour les patients et leurs parents. Nous avons aujourd'hui l'espoir de la voir évitée par un régime rigoureux que ma fille suit et dont elle paraît éprouver, depuis quelques jours, de bons effets. Elle a écrit à Mme Doniol de son lit. Son mari m'a envoyé sa lettre, sans le lui dire, et elle est partie d'ici. Je l'ai lue avant vous, vous me faites violer le secret des correspondances. Pauvre chère fille! quel cœur de maman, et quelle contradiction que cette maison sans berceau! Mme Doniol me comprendra aussi bien que vous.

Travaux du dehors et du dedans ont marché malgré nos soucis. Je n'ai pas remplacé mon régisseur et il en résulte une besogne matérielle assez gênante bien que hygiénique. L'arrivée tardive du mauvais temps a amené la part du travail de cabinet. J'ai arrangé une lecture pour les jeux-floraux, mon vendredi s'approchant (25 janvier), et je leur ai donné une suite des notes de mon *Musée des Souverains* ; ces lectures réussissent bien. Je me rends mieux compte, en lisant, de leur réalité, de leur sincérité et de ce qu'elles ont de réellement vivant. Leur variété a beaucoup séduit mes confrères, comme la variété des dessins séduisait Baudry, Meissonier, Henner. Je rabote considérablement la planche d'éloges que me votaient ces derniers, mais vous pouvez croire que c'est, en réalité, un curieux recueil de documents que ce recueil de caricatures et de portraits. Effet singulier de mon genre de mnémotechnie! Je n'ai rien à dire sur tel ou tel en y pensant: si j'ai sous les yeux le croquis de sa binette, histoires et souvenirs, moment précis de l'exécution, le jour, l'heure, ce qu'on disait alors, tout revient en hâte, et j'écris comme sous la dictée des personnages et des lieux. Si j'avais plus de temps, moins d'*impedimenta* variés quant à leur objet, je ferais quelque chose de ces commentaires.

Je ne vous parle pas du présent qui m'écœure, me dégoûte et me ferait émigrer de la politique si on pouvait émigrer. Je n'ai qu'un moyen de ne pas le prendre au tragique, c'est de n'en pas parler.

Adieu, mon cher ami, affectueux hommages autour de vous. M. Caze est-il revenu d'Afrique? On y est mieux qu'à Paris par le temps qu'il fait, mais le soleil ne suffit pas aux jeunes maris..... J'allais dire une sottise sur la lune, je m'arrête à temps, non sans remarquer que j'ai à me plaindre de la vieillesse sous ce rapport. Jamais, au grand jamais, quand j'étais jeune ou mûr, ces idées de chanson française ou gauloise ne me seraient venues. C'est insupportable de se sentir détérioré au lieu de s'améliorer en vivant. Ne me trahissez pas. Souvenirs tendres de tous; à vous de cœur.

J. Buisson.

La Bastide-d'Anjou, 12 juin 1889.

Que faites-vous, mon cher ami? Je sais bien ce que l'Exposition de l'imprimerie nationale a dû vous donner d'occupations; mais, avec vos habitudes d'ordre et de prévoyance, un personnel accompli, un champ limité, vous avez dû être prêt parmi les premiers. Le *Labeur* de la guerre d'Amérique doit faire grande figure dans vos vitrines. J'ai toujours pensé qu'on n'attendait que le quatrième volume pour vous recevoir enfin à l'Institut. En envoyant au duc d'Aumale les *Feuilles de Buisson*, je lui ai dit qu'il devait m'aider à payer ma dette d'amitié envers vous en se faisant votre patron. J'ai demandé à M. de Broglie, sous le même pretexte, de vous amener ses amis. Les académiciens aiment fort le duc d'Aumale, et le duc de Broglie, qui est moins aimé, ne laisse pas que d'avoir là des titulaires qui obéissent à son influence. Avez-vous lu un maître discours de ce dernier, à la Société d'histoire diplomatique, sur les méthodes historiques modernes? Intellectuellement satisfait, je ne l'étais point amicalement, parce qu'il me semblait que certaines réserves étaient dictées par le système que vous avez adopté dans votre travail. Je me laissais aller, en lisant, à les regarder comme une personnalité et cela m'a gâté la fin de ma lecture. Ne sachant plus rien de Paris, des bruits courants et surtout des candidatures académiques, j'imagine, j'imagine, et toujours à votre sujet; le moindre grain de mil ferait bien mieux votre affaire que mes imaginations et ferait aussi mieux la mienne, car c'est la réalité qui m'importe par dessus tout. Ne laissez donc pas ma question sans réponse.

Je ne puis pas vous dire si j'irai à l'Exposition, surtout quand j'irai à l'Exposition. La mort de mon régisseur, que je n'ai pas remplacé, a ajouté à toutes les tâches bénévoles dont je suis déjà fatigué, la gestion de mon bien. (Gustave n'y mord que par et pour les vignes américaines.) La besogne agricole est donc à peu près toute pour moi. Je commence à dire et à sentir que c'est trop. J'ai affermé la semaine passée une de mes métairies, Joseph a pris la sienne à son compte; mais il en reste encore quatre qui sont séparées, dont trois très importantes. J'y ai des espèces de chefs de culture, mais le renouvellement des bestiaux, les foires, les détails du personnel m'enlèvent toute liberté et dépassent mes forces. Ajoutez à cela la préoccupation de l'établissement de mes deux fils, un roulement d'affaires matérielles que les circonstances générales rendent très difficile, et vous comprendrez que ma longue et vieille indépendance, la large liberté de ma maturité se changent, dans ma vieillesse, en une véritable chaîne pesante, pesante... A mesure que les forces diminuent, on dirait que les exigences de la vie augmentent, et les ambitions intellectuelles ne diminuent pas. Vous savez la pente naturelle de mes idées : cette vue me pousse vers un monde d'où cette contradiction sera bannie avec beaucoup d'autres. Parmi celles-ci la possibilité d'être toujours près de ses amis est une conquête dont nous jouirons bien, n'est-ce pas?

La santé de Madeleine, qui nous a inquiétés, paraît se raffermir sérieusement, mais je ne suis pas hors de souci sur le fond des choses. Ma femme n'a pas eu de reprise de ses rhumatismes, malgré quatre mois de pluies et un sot hiver. J'ai l'air très fort et on me dit que je rajeunis, mais je sens bien « que je ne suis plus républicain » et que mes forces diminuent notablement. Je doute, par exemple, qu'il me fût possible aujourd'hui, d'accomplir en un mois l'étude et le compte rendu de l'Exposition comme je l'ai fait en 1881. Peut-être, cependant, Paris me rendrait-il un peu de souplesse. C'est une question. Allons, mon ami, parlez-moi un peu de vous, des vôtres et surtout annoncez-vous pour les prochains congé et voyage à Antibes et passage à la Bastide.

Hommages, amitiés, souvenirs, désirs.

J. Buisson.

La Bastide-d'Anjou, 17 août 1889.

Mon cher ami,

Je vous réponds tout de suite comme vous avez fait vous-même ; et c'est la seule manière de répondre, c'est-à-dire de converser sur l'impression reçue de la parole écrite. Je vous sacrifie mon bain d'air du matin, je veux dire la visite que je fais en me levant, quelquefois avant, souvent pendant le lever du soleil, à mon jardin, à mes planches de greffes américains, ou bien, à la campagne, à mes fourrages et à mes blés.

Votre lettre me décidera probablement à aller, contre vents et marées, à l'Exposition, mais quand, mais comment? Je n'en sais rien. Je voudrais tenter ce dernier essai de mes forces, donner cette dernière satisfaction considérable à ma curiosité, et voir, et sentir ce qu'on en peut conclure d'intéressant, de national et de général. Il y a bien longtemps que je me suis rendu compte, comme vous, que cette fin de siècle est une bousculade pour les hommes de notre âge. Nous passons par le coup de feu du premier emploi de l'outillage social nouveau que la science a mis à la disposition des contemporains. Naturellement nous n'y sommes pas faits, naturellement aussi cet usage n'est pas ordonné, proportionné, et il y a dans le mélange de vieux et de neuf qui grouille sous nos yeux des heurts, des discordances, dont nous sommes blessés. Quel effort à faire pour se garder de l'aigreur quand on vieillit dans ces époques de transformation ! Je suis un être fort malléable, je me plie au changement sans trop de peine ; une éducation qui a passé par la méthode Jacotot, le collège communal, les Lazaristes de Montolieu, le lycée Henri IV, la faculté de Paris et des influences maternelles très larges, m'a donné une indépendance d'esprit et une souplesse au-dessus de la moyenne ; et cependant, il me faut de l'attention et de la tension pour me préserver de la tendance chagrine qui est dans la situation. L'enthousiasme persévérant pour les belles et bonnes choses m'aide dans mon effort. En une telle disposition d'esprit, il est certain, encore une fois, qu'il faut aller à l'Exposition.

Colomb avait bien du génie, n'ayant à son usage que de mauvais voiliers, pour oser écrire, avant 1500 : *El mundo es poco ;* mais, aujourd'hui, les enfants même touchent du doigt le peu du monde. Oui, vraiment, le monde ce n'est rien, et l'homme c'est beaucoup qui retire tout le suc du monde. Mais, vous allez bien reconnaître ma nature ou mes manies, l'inévitable structure de mon esprit, l'aller de mon cœur. Je me dis sans ombre de trouble : quand l'homme aura exprimé le monde dans sa main comme on exprime une orange, eh ! bien après ?..... c'est pour cet *après* que nous sommes faits en réalité. L'épreuve terrestre finie, le dernier des nôtres ne se *mangera plus les sangs* comme Prométhée en blasphémant grossièrement. Il poussera doucement dans l'espace sa vieille maison, qui, n'ayant plus de secrets pour lui, ne l'intéressera plus, et l'œil fixé sur le geste d'attraction que lui a fait définitivement la bonté de Dieu par l'Index de Jésus-Christ, il montera, montera vers d'autres mondes et d'autres expositions bien autrement universelles et étonnantes. Que sera de ces hauteurs le joujou de la Tour Eiffel ?

Savez-vous, mon cher ami, une autre ressource contre la bousculade, un autre repos contre cette agitation permanente qui nous tente si souvent de dire à nos successeurs : fichez-nous la paix !

Je ne vous en dis pas davantage. Il est bon que vous sachiez cependant que je suis momentanément tenaillé par des affaires matérielles, des négociations de famille, des projets, des difficultés, des embarras qui ajoutent à toutes les attaques générales du monde contre ma paix. Je la retrouve cependant pour vous serrer la main bien amicalement et envoyer à tous les vôtres les fidèles souvenirs, les hommages, les amitiés de la maisonnée.

Votre de cœur.

J. Buisson.

Je n'irai en aucun cas à l'Exposition avant d'avoir terminé ici les affaires pressantes. J'espère qu'à ce moment vous serez déjà de l'Institut. N'est-ce pas que le duc d'Aumale est un contemporain à nous et un prince séduisant?

La Bastide-d'Anjou, 9 septembre 1889.

Mon cher ami,

Voici une bien singulière histoire : ces jours passés la population de Salers s'est fort émue de voir entrer dans ses vieux murs un ancien militaire décoré avec une jeune Parisienne. Ils venaient voir le pays, le plateau de Salers, le vieux bourg, un coffret de fer et d'autres bibelots. Ils sont entrés dans une maison et s'y sont arrêtés. Au-dessus de leur tête, à l'étage supérieur, un jeune beau receveur de l'enregistrement lisait, *con amore*, les *Feuilles de Buisson*. C'était mon propre neveu, Jean Azaïs, fils aîné de ma sœur et filleule Jeanne. Comme tous les indigènes, il a suivi de sa fenêtre tous les mouvements des nobles étrangers. Ce n'est que le lendemain cependant qu'il a su le nom du vieux militaire. Il s'arrache encore la moustache d'avoir perdu l'occasion de connaître ce « cher Monsieur Doniol », — car, il n'y a pas à dire, vous êtes le cher Monsieur Doniol de tous ces enfants de mon cœur et de tous mes amis, — l'occasion de le connaître et de se faire connaître de lui. Quel guignon ! — et d'une. — J'ai reçu hier, sur vos indications, de M. Parrocel, académicien de Marseille, l'histoire documentaire de son Académie, qui me paraît un fort beau et intéressant volume — et de deux. — La troisième aventure, car ce sont vraiment des aventures, mais des aventures qui me parlent uniquement de vous, c'est Gidda Cazes ou

Gidda Doniol, ce qui est tout un. Gidda, à toute minute, si on n'y prend garde, car l'amoureuse bête quête toujours un regard sinon une caresse, Gidda, à toute minute, vient nous parler des Doniol. Elle est élevée dans le grand jardin avec une carline ficelle à museau noir, espèce de porcelaine de Saxe, une femelle de terrier écossais et une Lasorac-Gordon ; point de chenil, qui est l'internat des chiens et ne vaut pas mieux pour eux que pour les hommes. Ce système d'éducation nous a toujours évité toutes les maladies habituelles à la jeunesse de l'espèce. Cette dose d'air et de liberté permet de s'écarter notablement du régime, fort compliqué pour le village, indiqué par votre sportman de gendre. Gidda se développe bien. Quand elle fait le sphynx, je lui trouve, dans les lignes, une grande ressemblance avec son père. Il me tarde de lui voir les oreilles coupées, car ses pendants actuels la déshonorent et la font prendre pour une simple bête indigène mal classée. L'opération sera faite à l'école vétérinaire de Toulouse, prochainement, avec toutes les garanties d'exécution correcte. Elle se développe bien, mais elle n'a pas évidemment la rusticité de ses compagnes et il faut prendre des précautions contre les dispositions nerveuses et rhumatismales de l'espèce. Comment diable, originaires du Danemark, les chiens danois sont-ils aussi sensibles à l'humidité et au froid? C'est un problème, mais il y en a tant.

Ces jours passés j'ai fait descendre et épousseter ma malle pour aller enfin jeter un coup d'œil sur l'Exposition et en rapporter mon impression personnelle ; en dehors des questions générales qu'elle soulève, ou résout, ou pose, il y a pour moi l'occasion d'une vérification capitale sur nos derniers cent ans de peinture. Au moment de partir, ma conscience politique m'a retenu ici à cause des élections. Le résultat sera peut-être de vous faire rentrer à Paris avant ma visite, ce dont je serais bien heureux.

Je vois que je ne pourrai esquiver Vichy et j'aurai bien du mal à tout combiner, Vichy et l'Exposition, pour ne pas faire les deux courses hors de temps et hors de propos. Au diable ce temps, compliqué de tant d'obligations et de considérations! Quelle vie fatigante nous menons, faute d'avoir eu la prévoyance nécessaire pour l'établir simple, large et calme! Ah! les peuples, quels grands enfants; ah! les hommes, quels enfants incorrigibles. Je voudrais bien nous voir seulement de vingt ans d'ici. Tout disposé que je suis par mes tendances personnelles à admettre des masses de choses que beaucoup trouvent inadmissibles, vrai, j'imagine que de ce recul de vingt ans, de ce point de perspective si rapproché en définitive, les Français ne paraîtront pas un peuple très sensé. Pour vouloir être le monde entier ou l'humanité toute entière au lieu d'être simplement la France, la bonne France, l'aimable entre les nations, l'attrait du monde n'aurait-il pas rencontré le puits de l'astrologue d'ici là? Ah! le terrible mot de Vico, — je n'ose pas l'écrire.

Voilà bien des choses et d'autres que nous aurions pu nous dire si j'avais été dans la peau de mon neveu à Salers, car, moi, j'aurais reconnu le prétendu militaire, et dans la Parisienne Mme Donatienne. Hommages, hommages, amitiés, amitiés. Ma lettre vous trouvera bien.

J. Buisson.

La Bastide-d'Anjou, 22 décembre 1889.

Mon cher ami,

Votre lettre m'a trouvé souffrant et vous avez fourni un aliment naturel, pour le séjour de la chambre, à l'un de ces ruraux qui perdent énormément de temps dehors. Je me suis replongé dans l'*Histoire de la participation*... concurremment avec un volume de *Mélanges* du duc de Broglie, qu'il m'a donné, à Broglie, au mois d'octobre dernier. J'ai essayé de tirer du rapprochement des deux l'occasion de lui parler de votre livre. Personne n'est bête comme moi devant ces occurrences. Dès qu'il y a une sorte d'intérêt à faire une chose, fût-ce un pur intérêt amical, elle m'apparaît comme contaminée. Aimer ses amis, je le crois bien, mais leur demander quelque chose! Vous parlez de discrétion, la mienne est farouche. Je ne crois pas qu'il y ait au monde une maladresse, en pratique, comparable à la mienne. Sous l'impression de cette idée que j'ai de moi, quand j'ai eu fait ma lettre pour le duc, je n'étais pas loin de la trouver, là et là, naturelle et suffisante; mais, à peine était-elle partie, que j'eusse voulu la raccrocher. Mille choses à dire sur votre livre que je n'avais pas dites me revenaient à l'esprit; je trouvais que, dans le désir de flatter les méthodes de de Broglie, que, du reste, j'approuve complètement et dont il se sert si bien, je vous avais trop sacrifié; que je n'avais pas assez insisté; que je ne m'étais pas montré assez chaud; enfin, toute la série des que d'escalier...

Avais-je tort, avais-je raison? Vous en jugerez, car j'ai copié mon péché pour vous l'envoyer. Peut-être, avec certaines natures, cette manière presqu'insensible de réclamer la bienveillance est-elle la meilleure. Ce serait mon excuse. Ma retenue provinciale est, d'ailleurs, si différente de ce que j'ai vu dans le salon de Mme d'Haussonville, qui était un salon académique, et ailleurs, que vous ferez bien d'employer sur place des diplomates plus parisiens que moi.

Toujours est-il qu'en relisant votre livre je l'ai trouvé de plus en plus clair, concluant, complet. Le lecteur est transporté dans le moment et au milieu des faits et des personnes racontés. Vous ne lui laissez pas un doute dans l'esprit. Quel que soit le procédé employé, le résultat est remarquable, se suffit et se justifie de lui-même. Voilà ce qu'il eut fallu dire au duc de Broglie. Ah! la présence d'esprit, c'est ça la présence réelle à l'usage du monde!

Je ne suis pas revenu de la mort de mon pauvre Lambert. Je l'ai trouvé décrépit, détruit en douze mois par une de ces maladies que les chagrins rendent vite mortelle, quand je l'avais laissé le plus animé, le plus animant des êtres. Cette mort diminue mes forces et me décourage. Je m'arrête par conviction du mal qu'il y a à y insister.

Si vous aviez été à Paris au moment où j'y ai passé une huitaine, je n'aurais pas été aussi maladroit que Gustave, eussé-je dû vous surprendre au lit. Nous avons reçu hier une lettre de M. Caze. Dites-lui que ce qui m'inquiète pour la taille de Gidda, c'est précisément qu'elle n'est pas pataude, mais déjà élégante. Au lieu de croître en hauteur, elle soigne ses formes. Telle maîtresse, telle chienne, ce qui rime avec Donatienne. Enfin, qui vivra verra ; avec ses parchemins, Gidda se défendra toujours. Par exemple, elle a déjà des méfaits sur la conscience : après avoir vécu un mois en bon voisinage avec d'énormes dindons qu'on avait lâchés de la basse-cour au jardin aux heures de soleil pour leur laisser picorer de l'herbe, elle en a dévoré un, le plus gros, dans un fourré. Elle casse des branches, ne respecte pas toujours les corbeilles de fleur, etc., etc., enfin, ce n'est pas une personne à mettre en niche. Mais je persiste à ne pas la condamner au chenil, cet internat des chiens.

Adieu, mon ami, hommages et amitiés autour de vous. Votre

J. Buisson.

P. S. — Et pas un mot sur vos admirables Albums, qui sont bien du vrai luxe typographique à côté de tous les à peu près que la réclame des éditeurs répand dans le monde ! Ils ont été l'entracte de mon temps de chambre et chaque page m'a retenu longtemps sans soulever une objection. Seule l'épreuve de la photogravure du bas-relief des écuries est *fatiguée*. Quand vous m'enverrez le 3e fascicule, s'il vous est possible d'avoir une bonne épreuve, ajoutez-la pour la reliure. Il serait dommage que l'exemplaire fût déparé par un détail. Et maintenant trois, quatre, cinq, six fois, merci.

J'extrais de ma lettre à de Broglie le passage sur l'*Histoire de la participation...* :

« ..... Obligé de garder la chambre, je me suis reposé dans la lecture du volume que vous m'avez donné à Broglie. Plusieurs chapitres étaient déjà passés sous mes yeux et m'avaient laissé une impression de fermeté, de force et de finesse que j'ai retrouvée avec un plaisir nouveau. Votre discours du 30 mars 1889 à la Société d'histoire diplomatique — sur l'usage à faire des documents diplomatiques dans l'histoire — m'a offert un intérêt particulier et d'une rare opportunité. J'ai lu, en effet, après vos discours et fragments, trois in-folio de mon ami Doniol : *Sur la participation de la France à l'établissement des Etats-Unis d'Amérique.* Le sujet était nouveau, partant fort intéressant. Vous avouerai-je qu'à la suite de votre discours, la vérification critique et l'application de vos magistrales méthodes m'ont plus d'une fois préoccupé autant que le fonds? Vous avez bien raison : outre que les documents diplomatiques, comme vous le remarquez, sont par nature sujets à caution, des documents reliés ensemble par des transitions, des appréciations, des explications de l'écrivain ne sont pas la vraie histoire. Nous sommes actuellement, en histoire comme en littérature, en art, la proie d'une esthétique vicieuse. Nous servons au lecteur des documents, des touches, des aperçus, des *études*, des lois, lui laissant le soin d'achever, et quel lecteur achève aujourd'hui? Nous semblons possédés par la peur permanente de déflorer, de fausser la réalité en marquant notre personnalité dans le récit, dans le tableau, dans le livre. Cette peur n'est qu'un aveu d'impuissance ou de paresse; et on lui doit tous les livres, toutes les œuvres qui sont plutôt des recueils de notes que des constructions proportionnées. Comme si la réalité directe et crue était la vérité!

« L'historien complet sera toujours celui qui, après avoir digéré les documents de toute nature, saura en dominer l'ensemble, les contrôler les uns par les autres, les mettre en œuvre avec un sens historique supérieur et le don de la vie; qui saura s'en servir, sans s'y asservir.

« L'*Histoire de la participation*... n'est donc pas pour moi l'idéal du genre. Cependant, le sujet étant nouveau, il y avait peut-être des motifs suffisants de saisir et de convaincre le lecteur par l'abondance des informations et des textes. Ce qui m'a le plus touché dans le livre de Doniol, après la nouveauté et le plaisir d'apprendre, c'est, pour moi qui connais le fond assuré de son républicanisme, son impartialité envers la monarchie et son œuvre, et une vraie faculté d'historien pour démêler et ressusciter le passé.

« Je crois avoir entendu dire à Doniol, à son dernier passage à la Bastide, qu'il avait l'intention, quand son livre serait avancé, de le présenter à l'Académie pour vos grands prix historiques et je me suis promis, *in petto*, de vous le recommander. »

La Bastide-d'Anjou (Aude), 31 décembre 1889.

MON CHER AMI,

Je rentrais, venant de tailler une rangée de cordons de vignes sur porte-greffes américains, pour vous écrire, quand on m'a remis votre lettre.

Très bonne lettre du duc de Broglie; il m'avoue qu'il n'avait fait encore qu'admirer la beauté typographique de l'*Histoire de la participation* et qu'il ne l'a pas encore lue. Il va le faire. Il ajoute, ce qui me paraît un excellent symptôme : « Je sais qu'il a un autre mérite que d'avoir été édité à l'Imprimerie nationale, et je *vois beaucoup de gens qui l'apprécient;* la qualité de directeur d'un grand établissement public et d'ami des pouvoirs actuels ne nuira pas aux autres titres de l'auteur. Nous sommes devenus très républicains au palais Mazarin, depuis que nous avons été dotés par un prince. Il est vrai que la dotation elle-même avait un certain parfum de république. »

Je voudrais que cette allusion signifiât que le duc d'Aumale est pour vous et qu'il se souvient de ce que je lui ai dit de votre livre en octobre, et du plaisir qu'il me ferait en me donnant le moyen de vous remercier de la gâterie exquise que vous avez eue vis-à-vis de ma femme et de moi.

Je n'ai que le temps de vous adresser nos souhaits. Les premiers de l'an sont fort chargés en correspondance. Nous avons joui avant-hier de ce qu'ils ramènent de meilleur, la joie des petits enfants au milieu de leurs étrennes.

Un mot au sujet des vôtres : étrennes, pas petits-enfants; est-ce que lorsque vos volumes m'arrivent, ils sont assez secs pour être livrés à la reliure, sans avoir à craindre l'horrible décharge de l'encre sur les verso ou sur les papiers de soie chargés de protéger les gravures?

Amitiés, souvenirs, hommages, avec les souhaits pour vous, votre femme et les Tunisiens. Soyez indemne de la sotte grippe habillée de noms nouveaux. Finissez vite vos visites officielles, une des horreurs dont les ruraux sont exempts.

A vous de cœur, mon cher ami,

J. Buisson.

La Bastide, 18 février 1890.

Mon cher ami,

Un feu de cheminée dans mon cabinet m'a fait vivre dans les décombres une quinzaine, et, en séchant les plâtres, j'ai contracté un peu d'influenza. Dans ce désordre, quelque numéro du journal parlant de l'Académie et du prix Gobert ma-t-il échappé? La décision est-elle encore inconnue? J'ai hâte de le savoir. Le *Moniteur* est, d'ordinaire, assez attentif aux choses académiques, mais je n'en ai pas retrouvé la série exacte. Je n'ai pas su inspirer à toute la maisonnée le respect de mes papiers, et quand il s'écoule un temps anormal avant l'ouverture de mes journaux, on en fait un peu de tout, des patrons, des couvre-pots, des enveloppes de paquets ou simplement des allumettes. Ce qui me rassure, c'est que vous m'auriez certainement avisé s'il y avait quelque chose. Que ces riens matériels deviennent embêtants en vieillissant! Qu'une mémoire décadente est fatigante! Qu'un distrait est lourd à porter quand il n'est plus jeune et qu'il faut peu de chose pour opprimer une activité qui s'éteint!

La saillie du duc d'Orléans m'a un peu éveillé en sursaut. J'ai admiré la puissance de la tradition, du sang. C'est le sang de la maison de France qui a parlé en bon français et qui a été compris de toute la France. La veille de sa majorité, nous ne le connaissions pas et nous l'avons tous reconnu. Il faut un cocher à l'attelage. C'était le miracle de la monarchie française d'avoir si bien incarné le cocher à la voiture, que le roi était le plus impersonnel au demeurant, le plus désintéressé des chefs dans la mesure humaine du possible. Décidément cela valait mieux que ce que nous avons cru avoir inventé à la place, et qui se résout actuellement dans le paganisme usé du Dieu-État, lequel n'a ni voix, ni cœur, ni entrailles, ni charme d'aucune sorte que pour de rares unités. Cette Chambre est aussi bête que l'autre. L'une avait fait ce répulsif Boulanger, celle-ci que fera-t-elle? Je n'en espère rien et reste toujours effrayé de la part échéante à l'imprévu dans nos affaires. Hervé a eu un mot bien vrai et mélancolique sur les générations sacrifiées. La dernière est en train de disparaître et nous recevons, à droite, à gauche, par la disparition des hommes de notre âge ou de plus jeunes, de forts avertissements ; il faudrait bien les entendre. Le duc d'Aumale répond à mes condoléances sur la mort du duc de Montpensier et à mes compliments sur la crânerie de son neveu : « Merci — vous ressentez tout ce que j'éprouve..... Je vous serre tristement la main » ; mais la tristesse n'est pas une solution. Ne tardez pas à me donner de vos nouvelles. Hommages et amitiés.

Bien vôtre, mon ami.

J. Buisson.

La Bastide-d'Anjou, 23 février 1890.

Mon cher ami,

Votre lettre est de celles qui font peine et plaisir, et auxquelles on ne peut se dispenser de répondre tout de suite.

C'est vrai, vous êtes toujours le même vieux révolutionnaire qui a écrit, sur la « grêle sèche » des lois et décrets qui ont détruit violemment la féodalité en vertu de la justice absolue, sans se soucier de la justice humaine relative et de la paix sociale, la page la plus éloquente qui soit sortie de sa plume. C'est comme alors : votre raison était du côté des moyens légaux employés en Angleterre, en Espagne, en Savoie, etc. pour arriver au même but, votre tempérament était du côté de la grêle. Vous devez au bon Dieu une fière chandelle pour ne pas vous avoir planté, en âge mûr, en pleine Convention et ne vous avoir fait naître que sur la fin de la Restauration. Il y a là-dessous quelque première impression d'enfance restée très puissante sur un gros cerveau développé avant l'âge, avec des bosses historiques démesurées, ou quelque fait d'atavisme ignoré peut-être de vous-même. Cherchez bien, coquin, vous n'avez pas fait un pas. Ah ! ces terres volcaniques, sous des apparences de calme, de douceur, de pâleur, faut-il donc qu'il y ait toujours de la flamme et du feu dans leurs produits? — Vous me souteniez, au temps de la grêle, que les radicaux seuls avaient réussi dans les crises historiques, je défendais les politiques. Mais pendant que je rangeais Henri IV dans les politiques, vous le mettiez dans les radicaux : il n'y avait pas moyen de s'entendre. Mon cher ami, comme vous je remarque que le froid, que l'hiver me sont durs, et je n'en conclus pas au prolongement; comment ferons-nous donc pour nous rencontrer là-bas, si nous bataillons toujours ici sur tous les terrains avant le départ? Au nom du ciel, rapprochons-nous. Ah! sur la politique, je vous ferai bien des concessions, faites m'en sur ce qui importe pour la continuation de l'amitié après la mort. J'ai perdu mon pauvre Edmond Hédouin dans le courant de l'année passée. En écrivant à son frère Alfred, je terminai ma lettre par ces mots dont je ne me rendais pas bien compte, mais que je traçai instinctivement : « Vive la mémoire éternelle! » Le lendemain, poursuivi par cette exclamation involontaire, j'en cherchai en moi-même les déductions. J'avais deviné, sans le savoir, toute la théologie catholique sur le mystère de la grâce appliqué au souvenir. J'envoyai mon explication à Ed. Hédouin qui est, comme vous, un révolutionnaire profond, mais ingénu, ami et exécuteur testamentaire de Louis Blanc. J'eus la consolation de provoquer un mouvement et une profession de christianisme. La pensée m'est venue de rechercher cette note pour vous; je ne parviens pas à la retrouver.

Voilà pour les sentiments tristes que votre lettre a réveillés. Mais elle m'a donné une sorte de satisfaction politique, par la faiblesse des considérations auxquelles l'acte du duc d'Orléans a réduit un esprit de votre trempe. Que vous vous défendez mal contre l'impression simple et les réalités qui résultent d'un acte très simple, très viril, et qui a eu des conséquences très réelles! Que diable a à voir là-dedans Arthur Meyer? et quel rapprochement avec Boulanger, avec le prince Victor?

Mais le duc d'Orléans venant de l'exil pour se faire conscrit, c'est l'exécution de Boulanger partant la veille de la bataille. Paff! c'est Boulanger par terre. Demandez à Rochefort. Mais le duc d'Orléans disant au président du tribunal : « Je ne fais pas de politique, cela regarde mon père, dont je suis le fils respectueux et le serviteur fidèle », c'est le prince Victor et les Bonapartes distancés par l'union de famille des d'Orléans? Que parlez-vous donc de trois Boulanger, ou d'un Boulanger de plus fabriqué par Arthur Meyer!!!

De son premier pas en France à son dernier acte, démarches, lettres, allocutions, tenue, télégrammes, tout caractérise, chez le duc d'Orléans, un acte spontané et un acte de race qui en quelques jours a remis sa race à son rang, passionné les femmes, — les femmes françaises, entendez-vous? — (je voudrais que vous vissiez la placide Mme Buisson) enlevé la jeunesse et donné à réfléchir à tous les hommes mûrs intelligents. Si vous n'aviez pas sur vos chers yeux les lunettes révolutionnaires, historien comme vous l'êtes, n'auriez-vous pas reconnu l'inspiration de Henri IV au lieu de nommer Henri III, Charles IX à propos de ce petit-fils de ce duc d'Orléans mort à Neuilly, « *qui n'était pas un écriturier* » et dont les lettres respirent le pur patriotisme qui a conduit directement le petit duc actuel à Paris le jour de sa majorité?

Encore une fois, pour qu'un républicain de votre caractère et de votre force, historien par-dessus le marché, connaisseur en tradition, soit réduit à déraisonner de la sorte, il faut que mon blondin ait frappé bien juste. Que Taine a bien décrit cette disposition d'esprit! Quand leur conception absolue d'État était contredite, ils en perdaient la tête et le..... ; mais moi je compte sur votre cœur pour redresser les impressions que votre lettre m'a apportées.

Adieu, cher ami, j'attends Chevreul avec impatience. Rien ne m'intéresse tant que de voir comment la science est arrivée à fixer et justifier les divinations des coloristes de génie, de tout l'Orient décorateur, coloriste d'instinct. — J'ai voulu, dans le temps, écrire une étude sur les phénomènes de vision dans la lumière orientale, la faveur spéciale qu'en avait dû contracter l'organe de la vue et les conséquences esthétiques qui en étaient résultées. J'écrivis même au docteur Guépin de Nantes, lequel battit la breloque. Je n'avais pas d'éléments suffisants, j'abandonnai mon idée. Un autre la reprendra.

J'étais né avec l'instinct coloriste. Il se développa probablement chez moi par la vue des draps à teintes variées que mon grand-père maternel fabriquait pour les Échelles du Levant. Il avait une manufacture privilégiée. J'ai retrouvé récemment des cartes d'échantillons de 1820; elles m'ont frappé par leurs tons harmoniques familiés à l'Orient depuis des éternités. Mais je ne veux pas déraisonner sur la couleur pour vous donner occasion de me réprimer à votre tour.

Hommages et amitiés à tous.

Cordialement vôtre, mon cher ami.

J. Buisson.

La Bastide, 26 février 1890.

Me voilà forcé, mon cher ami, de retourner le fer dans la plaie. Hier, je suis allé voir à Castelnaudary une vieille tante de quatre-vingt-onze ans, la provinciale la plus étrangère à la politique qui se soit vue, hélas! depuis cinquante ans; tellement claquemurée dans ses soins du ménage que son mari lui disait, de son vivant : « Si ce n'étaient les comptes de lessive, je crois que tu aurais oublié d'écrire! » Eh! bien, que diriez-vous quelle pense du duc d'Orléans?

« — Que me dis-tu de ce petit? c'est bien ce qu'il a fait! je voudrais bien le connaître, je voudrais bien le voir... *je l'embrasserais!* »

« — Eh! ma tante, aujourd'hui nous le connaissons tous, nous ne le connaissions pas et nous l'avons tous reconnu. C'est la force de la tradition et ça me fait bien plaisir ce que vous me dites. »

Hein! les jeunes, ça allait tout seul; il est si jeune et la hardiesse les coiffe; mais les vieilles de quatre-vingt-onze ans!

Avouez qu'il faudrait déterrer Mme Scheurer Kestner pour voir une aïeule aussi emballée pour la République. Allons, je vous embrasse et je ne veux pas abuser.

Souvenirs, hommages, amitiés.

J. Buisson.

P. S. — Dis-lui, ajoute Mme Jules B., que les eaux dormantes sont en ébullition.

Samedi-Saint, 1890.

Bravo, bravo, bravo, mon cher ami; si j'y suis pour quelque chose, j'en suis très fier et encore plus heureux. Ne comptez pas sur les journaux et écrivez-moi de nouveau dès que la décision sera officielle. Vraiment, la vie française restant toujours un peu un collège, c'est un bien beau prix d'honneur que le prix Gobert, et vous avez fièrement bien fait de lâcher les préfectures pour venir à Paris où les longs travaux sont possibles. J'éprouve en ce moment que les plus courts sont bien difficiles ici, où je n'ai de secours d'aucune sorte.

Le concours des Jeux Floraux comprenait cette année des discours en prose sur l'*Art religieux au* XIXe *siècle*. J'ai fait dans mon bureau un rapport verbal qui a séduit mes confrères, et l'on a scindé le compte rendu du concours pour me coller les discours. Quand on secoue la tige des Beaux-Arts dans ma cervelle, il en tombe une multitude de feuilles où sont écrites les observations et réflexions que j'ai ramassées ma vie durant. Il en reste toujours trop quand je veux les recoudre à un squelette académique en forme de triangle comme ceux des illuminations. Dix pages, me dit-on; mais c'est là ce qui est difficile, s'il en fallait cent ce serait bien différent.

Après la réparation de mon cabinet, voilà l'*événement* qui m'a empêché de couper et de feuilleter sérieusement les beaux volumes que j'ai reçus; avant de vous écrire, je voulais au moins en avoir un aperçu. Je ne l'ai pas encore. C'est superbe à voir et à manier, voilà tout ce que j'en sais pour le moment. Mais l'atelier est réparé, le rapport est bâti, il ne reste qu'à le raccourcir et je me promets un vrai plaisir à voyager dans vos superbes impressions. Je commence à m'apercevoir que les gros caractères ont du bon, moi qui aurais lu l'écriture de Lilliput en chemin de fer. Soixante-huit ans le 3 avril, mon ami.

Amitiés et hommages autour de vous. Je vous quitte pour aller donner le branle à une plantation de pépinière d'américains, qui enflamment toujours Gustave, mais qui me trouvent froid. Amitiés et hommages à tout votre entourage.

Cordialement vôtre, à bientôt.

J. Buisson.

Paris, 12 mai 1890.

Mon cher ami,

Au moment de mettre le pied en wagon je reçois une carte d'entrée à l'exposition du Champ de Mars pour mercredi. Je ne résiste pas. Ne dites rien, j'irai vous surprendre, si je peux, un jour ou l'autre. Il y aurait des choses curieuses à dire sur ces expositions, sur les exposants, les exposés et les spectateurs. Mais les hommes qui ont des choses à dire sur quelque chose, pour être libres à un moment donné ne devraient être ni maris, ni pères, ni grêlés. Je suis tout cela à la fois, ne trouvant de trop que la grêle. Je n'aurai donc pas le temps de voir assez pour tirer publiquement des conclusions de mon examen ; mais j'en tirerai notamment pour moi, et c'est quelque chose. Si je n'étais fatigué et en garde, à cause de l'ennemi qui est dans la place, contre les variations de température, je pourrais encore voir bien des choses en ces trois jours. Enfin, je verrai toujours le portrait du Pape et je lui lancerai mon Encyclique du Parthe avant de partir.

Vôtre et aux vôtres.

Vichy, Hôtel de Bade et de Notre Dame, 16 mai 1890.

MON CHER AMI,

Dans mon indifférence pour le paraître, s'il est quelque chose qui puisse m'exciter à l'être, c'est l'encouragement de mes amis. Ce que vous me demandez, Chennevières me l'a demandé déjà. Celà suffit pour me disposer. Il y a un directeur du journal l'*Artiste*, originaire de Carcassonne, qui est venu me solliciter à la Bastide même de lui donner de la copie. Mais chaque fois que j'ai essayé de lui offrir quelque chose, la politique, ma politique qui montre à toute occasion la pointe de ses oreilles, l'a effrayé. C'est un des nombreux exemples de la difficulté que l'on a de dire à Paris tout ce qu'on veut dans une gazette. La vérité y a ses coudées moins franches qu'en province. Cette fois je ne ferai pas de politique du tout, mais l'*Artiste* doit avoir eu déjà son salon, et ce sera une autre peur, la peur de gêner ou de blesser un collaborateur. Je vais écrire à Chennevières de demander à Alboise si, oui ou non, il veut profiter d'une occasion; j'aurai le tirage à part dont j'ai besoin pour mes amis.

Si la réponse est affirmative, je me jetterai à l'eau, ce qui me coûte toujours. Si non, j'ai la ressource du *Messager de Toulouse* où je fais ce que je veux; mais j'aimerais mieux le public parisien.

Je vous remercie donc de votre offre et de votre invitation. Je vais griffonner en attendant. Vichy est fort joli et il n'y a presque personne, ce qui est charmant. Le public des baigneurs se confine, d'ailleurs, d'habitude, au Casino et me laisse le Parc délicieux des bords de l'Allier pour moi tout seul. Le monde du chic et du copurchic est bien singulier, mais c'est le monde des stations de bains dont l'astre est le Casino. Chacun son orbite.

Mille affectueux souvenirs et hommages. Savez-vous que vous êtes fort heureux d'avoir, pour animer votre foyer, cette sincère et charmante fille que la Providence vous a donnée sans rien coûter à Mme Doniol? Dites-le lui de ma part.

Je vous serre la main.

Vichy, lundi 19 mai 1890.

Pourquoi n'achetez-vous pas des tableaux quand je suis-là?

Chennevières m'écrit: « Voilà qui est fait, Alboise est

plein d'enthousiasme, heureux de la perspective de ton travail pour l'*Artiste.* » Eh bien! c'est moi qui les perds mon enthousiasme et ma liberté. Quel singulier animal je suis et quelle horreur innée des échéances! Il est vrai que je ne suis pas alerte et que mon refroidissement, *auctore Chesnelong* — scélérat d'apôtre! — a les caractères de l'influenza, la durée, la lassitude des jambes. Je pourrai cependant demain envoyer à Chennevières huit ou neuf pages grand-format de copie. Mais, encore une fois, cela manque d'entrain à cause de la mollesse physique dont je suis malencontreusement la proie.

Il est, d'ailleurs, fort difficile d'agencer un travail quelconque avec les buvettes et les massages, plus difficile encore d'ordonner ce travail et d'être court, quand on a eu peu de temps pour voir et qu'on en a peu pour exécuter.

Mais les raisonnements ne servent de rien. Je suis à l'eau, il faut nager. Priez Dieu que le courant me soit favorable. Mes affectueux hommages à votre entourage. Que ces dames sont heureuses de pouvoir être paresseuses en conscience! Ah! je n'en suis plus là, mon cher ami, pour vous avoir tous écoutés.

Mon cher ami,

Je suis si opprimé par ce sacré Salon que vous m'avez collé sur les os avec Chennevières, que je ne l'ai pas achevé encore. Je crains que ce ne soit une thèse entrevue à travers la lorgnette aux verres de couleur du moment, comme on en fait beaucoup aujourd'hui. Il faut être peintre pour entrer dans le fond de la question et discerner les importances relatives de l'art en lui-même et des procédés. Mais je n'ai pas le temps de raisonner, et, d'ailleurs, je vous l'ai dit, je n'ai point achevé ma lecture.

Le premier article a été envoyé à l'*Artiste*, de Vichy. Il a paru, lisez-le et dites m'en votre avis. Le second a été expédié d'ici, le 18 ou le 19. Je tiens le troisième. Cette hâte m'agace. Je suis ennuyé aussi de ne pas être sur les lieux pour résumer en présence des œuvres, présence que rien ne vaut.

Je suis bien pressé et serre à tous la main en courant. Gustave m'a succédé à Vichy. Nous sommes absolument seuls avec Mme Buisson, qui vous adresse ses meilleurs et ses plus affectueux souvenirs.

Votre

Je n'aurai le tirage à part de l'*Artiste* que bien tard. Vous le recevrez dès qu'il m'arrivera à la fin du travail, en août ou septembre.

La Bastide, 31 août 1890.

Mon cher ami,

Je suis, comme vous, fatigué par le travail hâtif des

trois articles successivement parus dans l'*Artiste* — j'ai écrit qu'on vous les envoyât — et, la chaleur aidant, je me trouve en face du quatrième sur l'exposition japonaise, fait, défait, à refaire, incertain si je l'enverrai. Pressé par les dates, avec des points incertains à vérifier, sans documents suffisants, vous voyez que je suis devant ma taupinière comme vous devant votre montagne. Chacun fait ce qu'il peut.

Ne lâchez pas votre travail et laissez les jeunes, qui n'ont rien à faire, vaguer et divaguer dans le bleu d'Antibes; puisque vous avez une obligation fixe, il n'y a pas moyen de reculer. Au moins votre effort en vaut la peine; vous avez su vous concentrer, au rebours de ceux qui n'ont fait que s'éparpiller toute leur vie.

La Bastide-d'Anjou, 30 septembre 1890.

MON CHER AMI,

Vous trouvez donc que j'ai bien fait d'écrire les *Remarques d'un passant*. Il y a eu des moments où j'en ai douté, sentant bien que j'eusse certainement mieux fait avec les œuvres sous les yeux. On devient plus difficile pour soi et pour les autres, en vieillissant.

Le quatrième article ne se trouve pas, je ne sais pourquoi, dans le numéro d'août. Je n'en suis pas fâché, parce que je pourrai le revoir, le compléter et l'ordonner.

Dans Meissonier l'homme est insupportable, et je

sais bien ce qui lui manque comme peintre. Mais c'est un dessinateur de la force des petits Flamands, avec cette différence que ceux-ci sont extrêmement exacts et forts sans en avoir l'air, tandis que Meissonier tient à montrer, à la française, qu'il sait que c'est ça. Je lui ai entendu dire, à son retour d'Italie, qu'il se défiait de la Chapelle Sixtine, mais qu'au demeurant cette peinture était faite comme de l'orfèvrerie et que « *Michel-Ange lui avait touché la main* ». — Il ne vous l'a pas cassée? étais-je tenté de lui dire. L'exercice de l'imagination et le métier de peintre comportent de telles lacunes intellectuelles qu'on ne s'étonne plus de rien quand on a fréquenté quelques vrais pratiquants, de ceux qui ne sont que des rapins parvenus, ou coloristes ou dessinateurs. Que n'avez-vous connu cette brute de Courbet! Après 1870, au Conseil de guerre, il humiliait la nature humaine. La couleur n'est pas l'héroïsme. L'homme est un animal entiché de perfection et qui rêve les héros tout d'une pièce. Quand l'expérience le guérit de son rêve — il n'en est jamais tout à fait guéri — il ne voit plus guère de héros nulle part.

Je n'ai reçu de Paris, au sujet de mes *Remarques*, qu'une lettre très reconnaissante de M. G. Martin, dont le tableau a été acheté pour le Luxembourg, un billet très ému de Puvis de Chavannes; enfin, Galland m'a adressé aussi ses remerciements en 1881, après le Salon de la *Gazette des Beaux-Arts* qui est beaucoup plus répandue que l'*Artiste;* tous les peintres, même les malmenés (à part les gros bonnets qui se doivent de croire à leur infaillibilité), m'avaient adressé leur carte.

Je suis rivé ici à trop de besognes matérielles, la pensée d'établir mes deux derniers garçons me tyrannise trop pour que je puisse songer à ce poste fixe dans un journal ou Revue que vous rêvez pour moi. Ma grosse tentative, dans l'intérêt de la fortune de mes enfants, a abouti à l'arrachage de 50 hectares de vigne, — déception et diminution considérable de ressources. Je ne suis plus l'homme libre de mes vingt-cinq premières années de mariage. Les revenus d'alors dans notre pays, la présence de ma belle-mère à qui je laissais ma femme, mes enfants et mon bien — il faut être sot comme un Parisien pour médire des belles-mères — m'ont donné une indépendance dont je n'ai rencontré d'exemple nulle part parmi mes camarades. Si je l'avais à présent, j'aimerais bien à la consacrer au travail intellectuel. Il y a un vieux projet qui me tenterait beaucoup : la *Démonstration de la peinture par les œuvres des peintres*. Je prendrais tous les éléments d'expression de la peinture, que je démêlerais de l'écheveau embrouillé qu'on en a généralement dans le cerveau et j'ajouterais, à l'appui de chaque exposition ou démonstration, une photographie de Braun empruntée à un maître typique pour chaque élément spécial. Ce serait fort utile à la condition d'être très clair. Si j'avais à mon service, comme vous, les presses de l'Imprimerie nationale, quel beau volume on pourrait faire!

Je suis hanté aussi, dans ce moment, par un petit récit ou résumé de famille-souche (Babau-Le Play!), ma famille maternelle, sous le nom de Tante Gotton (Marguerite); mais le paresseux, dit la Bible, « se perd dans la vanité de ses projets », et je ferai comme dit la Bible.

Hommage et amitiés.

Avez-vous le Salon de 1881? J'en chercherai quelques exemplaires, si vous ne l'avez pas.....

La Bastide-d'Anjou, 22 novembre 1890.

Mon cher ami,

Je viens de lire dans le *Moniteur* que vous êtes le premier en ligne à l'Institut. M. de Mas Latrie, qui en est pour les Inscriptions, et qui vient chaque année passer ses vacances dans notre arrondissement d'où il est originaire, m'a dit que votre élection ne ferait point de doute. Tranquille de ce côté, vous devez donc être tout entier à votre quatrième volume. Je vous plains pour la besogne matérielle de correction. Mais, j'y songe, vous avez à l'imprimerie nationale des protes *di primo cartello*, qui doivent vous épargner l'assommante obligation de vous épeler et de ramasser les coquilles des autres.

C'est de mon tout petit rivage que je vous regarde ramer, étant délivré depuis longtemps de mon *Salon*. Alboise vous aura sûrement envoyé le quatrième et dernier article sur l'art japonais et le japonisme. Au premier moment, je me suis senti bien délivré; à présent, il ne me reste que du travail qui ne m'intéresse pas ou même qui m'ennuie, et je regrette l'autre. Ainsi est fait l'homme, à notre âge surtout. Quand nous prenons un pli, l'étoffe est longue à s'y mettre, mais gare quand il est marqué; adieu la jeune souplesse, la facilité à changer d'instrument, de sujet et de mode, à régler l'usage du temps, à suppléer le temps, à se mouvoir, si non avec aisance et avec grâce, au moins sans malaise, sans plainte, sans être obligé d'y regarder, d'y suffire avec effort. Et cependant, ne gémissons pas : combien qui sont déjà partis à notre âge! J'en vois d'autres atteints ou dans leurs facultés physiques, ou dans leur état mental. Les uns sont minés et maigres, les autres trop gros; ceux-ci n'y voient plus, ceux-là ont l'idée et n'ont plus le mot, ou bien ils n'ont ni l'un ni l'autre. La durée totale de notre génération n'égale certainement pas celle de nos prédécesseurs immédiats. Contentons-nous cependant de notre sort. Nous avons vu beaucoup de choses. Nous ne sommes pas assez savants, mais nous pouvons comprendre les préfaces de beaucoup de nouveautés, et les préfaces valent souvent mieux que les livres. Nous avons eu une ration d'enthousiasme, d'art et d'humanité qu'on n'aura peut-être plus. N'est-ce donc rien, même en se disant vieux, que de se trouver parfois, dans un cercle de jeunes gens nés quarante ans après soi, encore le plus jeune de tous par je ne sais quelle faculté d'élan mental, de confiance dans les hauteurs, d'optimisme? Et plus jeune de leur aveu!

Un petit coup de sonnette électrique me prévient qu'il est temps de vous quitter. Bon appétit, mon cher ami. Je vais me mettre à table après une journée de paysan, bête et vivante, et certainement si vous avez travaillé trois ou quatre heures à corriger des épreuves, vous ne serez pas celui de nous deux qui mangera le mieux.

Hommages, souvenirs affectueux, amitiés pour la maisonnée toute entière. Nous sommes actuellement seuls avec Mme Buisson. Si toutes les femmes savaient à quel point un rural appartient à la sienne, au lieu d'épouser des militaires, des marins ou des préfets elles n'épouseraient que des paysans.

Votre ami,

J. Buisson.

La Bastide-d'Anjou, 3 février 1891.

Mon cher ami,

J'ai beau faire, je n'ai pas encore trouvé le temps de couper et simplement feuilleter votre quatrième volume. Ce n'est pas que je n'aie lu autre chose, en voyage, en course, en promenade; mais vous avez adopté un format inaccessible aux gens en déplacement. Je suis un déplacé, un agité, un écartelé depuis que l'arrondissement est redevenu viable. Comment cela se fait-il ? C'est le secret des vies sans profession officielle, ouvertes à tous les dérangements publics ou privés, comme serait une maison sans portes, sans contrevents, sans barrières. Je ne dis pas que tous les fonctionnaires fatigués de discipline, d'importunités et du rond de cuir ne rêvent par moments cette maison sans clôture ; mais ils ont tort de se figurer que, telle qu'elle est, c'est la maison du loisir. Le vent y entre par les vides et en bouscule les habitants.

La distribution par la poste de mon *Salon* n'a pas laissé que de m'occuper. Les artistes de Paris l'ont bien pris, c'est l'approbation qui me touche le plus ; celle des gens qui me disent : « Je ne suis pas du métier, mais vous devez avoir raison, tout cela est clair et logique », ne me trouve pas non plus insensible. Somme toute, vous aurez bien fait, vous et les autres, de m'accrocher cette étude dont j'ai eu, sur la fin, mauvaise opinion.

J'espère que vous êtes absolument guéri de votre refroidissement. Cet animal d'hiver a été rude pour les vieux, même relativement solides.

Voilà, la semaine passée, Chaplin disparu et Meissonier. — Je vous accorde que l'homme, dans ce dernier, n'avait rien de large ni d'aimable, mais je me chargerais de choisir dans son œuvre des pages qui seront à leur place dans notre grand musée et qu'aucun changement de goût ou d'école n'en pourra démarrer. Ses qualités techniques étaient des plus solides et des moins discutables ; cela le met à l'abri du temps.

Vos enfants sont-ils toujours au pays du soleil ? Êtes-vous seuls ? — Donnez-moi des nouvelles fût-ce sur une carte carrée à la mode ou sur une simple carte de visite. Nous allons bien, mais je ressens vite la fatigue et j'en suis remis plus lentement. — Pour avoir pataugé hier dans un concours d'engraissement, j'étais éreinté, et il fallu toute une bonne nuit et une matinée grasse —

embonpoint que je n'apprécie pas dans les matinées — pour me refaire.

Amitiés, hommages.

La Bastide, 12 mai 1891.

Petit-papier, mon cher ami, grandes occupations : Gustave se marie. Réparations de la maison, correspondances et communications, voyages, visites, achats, je n'y suis plus. Ajoutez une guerre préfectorale tout à fait bête du préfet contre le maire de la Bastide, un village en révolution, le pacificateur s'ajoutant au père. Ma future belle-fille est une enfant à faire, mais elle a un très heureux naturel, beaucoup d'intelligence et le cœur sur la main. Elle n'est pas jolie précisément, mais fort attrayante. Elle a nom Germaine-Alice-Marguerite-Jeanne Bertrand. C'est la fille d'un riche propriétaire et distillateur de Luc-sur-Orbieu qui a acquis, en son temps, le domaine du malheureux Pascal. Le ménage demeurant avec nous, on leur ouate tout le côté du couchant de la maison. Cela commence donc par des décombres et de fortes dépenses. Gustave est parti, parti. Je le regarde s'enfoncer avec la gravité douce d'un tendre de trente ans dans une vraie passion. Jusqu'ici il me communique ses impressions avec la naïveté d'un enfant et me dit : « N'est-ce pas? » — Je suis forcé de répondre : « Oui, elle est charmante »; ils sont à l'unisson. Je reconnais mon sang et cela me rajeunit. Nous devons être sortis de ce buisson ardent qui tira Abraham et le bon Dieu d'embarras.

Que vous dirai-je? Que je n'ai pas le temps de vous en dire plus. Pensez à nous. Je vous embrasse tous dans cette grave et douce circonstance comme si vous étiez-là. — Ces enfants ont choisi leur date ; c'est le 16 juin, lendemain de la fête de Sainte Germaine. Amitiés, hommages.

A vous de cœur, mon cher ami.

J. Buisson.

La Bastide-d'Anjou, 13 octobre 1891.

Mon cher ami,

Je suis à la Bastide depuis dimanche au soir. Le matin j'avais eu la messe à Aurillac. Cent enfants, renouvelant leur première communion : tous le même crâne, le même occiput, le clergé de même, l'auditoire, uniquement composé d'hommes, de même. Sermon sur les mauvais livres, les romans, silence absolu, gravité de l'auditoire. Au sortir de l'église, dans les rues, au marché, mêmes types ; sur les boutiques, noms de famille caractéristiques tirés du sol ou de la profession : Carrier, Bacqui (vache), Taste (frappe, de tusta, frapper), Bos, Carrouste, Lathelise, Parlange, Labro, Masfran, Escourbanès, Carcopino (affreux!), Lansier, Dérodes, Taste, Cantournet, Roques, Nespoulou, Laponche, Bosch, Toulze, Goyet, Delprat, Eyraud, Lalaurie... je n'en finirais pas. Population, ville, architecture mal tenues, mais profondément autocthones. C'est une race. Il y a comme cela quelques noyaux en France rebelles au mélange, à la déformation cosmopolite, qui maintiennent la nation et, pourquoi ne le dirais-je pas, l'espoir de la patrie gauloise.

Le jour avait fini à Neussargues, devant ce paysage de si extraordinaire ossature que vous connaissez — une espèce de système de fortifications titanesques embrassant toute une contrée, fortement corrodées depuis l'ouverture, mais encore visibles et sensibles. Dans la paix magnifique du soleil couchant, on y sent encore les grands coups de combattants énormes que la nuit va réduire au silence. — Mais y a-t-il eu une nuit? Nous n'avions pas gravi lentement le Lioran que la lune s'est gracieusement levée et a mis à mon service sa puissance de simplification, et la descente du Lioran n'a rien perdu de sa beauté, au contraire.

Comme notre rencontre a été courte, mon cher ami, et traversée par l'encombrement des petites choses qui se tassent sur les départs! Nous commencions à peine à nous retrouver qu'il a fallu nous séparer. J'étais bien fatigué le soir à la gare, n'ayant pas su ou pu m'asseoir de la journée, et j'ai passé une nuit nerveuse, mais l'air et le mouvement du voyage m'ont rendu les forces que j'avais à votre arrivée. J'ai voyagé avec un simple curé de tout petit village du Puy-de-Dôme qui est bien une des têtes les mieux organisées que j'aie jamais rencontrées, très au courant de tout et d'une solidité pieuse rappelant la tenue sacerdotale des prêtres réformés par saint Vincent de Paul. Notre conversation, le paysage aidant, a été mêlée de viticulture, et je lui ai promis *pour ses paroissiens* les plants de porte-greffes que j'ai essayés ici. J'ai notamment un hybride Gamai-Riparia qui me paraît devoir convenir à certaines parties de la Limagne. — Vous voyez que le temps a passé vite et assez idéalement. Décidément, je suis du parti du derviche qui place les voyages sur la même ligne que la mortification, pour libérer l'âme du poids du corps. Ayant gagné à Vichy 1 kilogramme 400 grammes, je suis cependant rentré à la Bastide plus léger et plus alerte qu'auparavant.

Pour conclure, mon cher ami, si nous n'avons eu que quelques instants, il faut encore remercier la Providence de nous les avoir accordés. Rien n'est complet dans la vie, qui deviendrait intolérable si l'on prenait la mauvaise habitude de regarder dans chaque événement ce qui lui manque.

J'oubliais quelque chose. Croiriez-vous que la municipalité radicale d'Aurillac a eu le tact d'*ériger* sur la fontaine en face des *Trois frères*, une République trapue et violente, brandissant un faisceau d'éclairs et s'appuyant sur une lance — mal drapée, d'ailleurs, comme les dames du pays — en zinc bronzé, d'ailleurs, comme le luxe du pays, etc., etc. Est-ce le cas, dans le pays de Carrier, de donner à cette image du gouvernement physionomie pareille? Ce n'est pas à M. Cabanes, bien entendu, mais à son successeur qu'est dû le choix de cette République auvergnate. Ce rossignol de l'Exposition universelle en faux métal, avec la transcription, en lettres de bronze, sur le piédestal, de la déclaration des droits de l'homme, a fini, d'ailleurs, par coûter à la ville 10,000 fr. Le maire l'avait achetée, parce qu'on la lui donnait *pour rien*.

Je ne ferme pas ma lettre. Gustave m'ayant réservé deux jours de vendange, je veux vous en dire les résultats. Encore un des motifs qui me font regretter que notre rencontre n'ait pas eu lieu à la Bastide. Outre que tout le monde en eût profité, vous eussiez assisté à la cueillette de trois cents comportes de Jacquets sur 1 hectare 20 ares de contenance, et vous eussiez vu peser des souches en cordons Jacquets, etc., Cazenave et Guyot, ou bien Guyot adapté à des tailles en gobelet, de 20 kilogrammes Aramon, 17 kil. 509 gr. Valdéguin, 17 kil. 500 Jacquets et communément de 16, 15, 14, 13 kil. Jacquets, 12 kil. Herbemont d'Aurelles, sur *mes planches d'essai*. Tout cela malgré les rosées et grillades de mi-saison et les attaques répétées et combattues de mildew. Gustave était fort triomphant. Je le suis moins, les frais et surtout le charbon me donnent à penser. Le rendement de 300 comportes a été obtenu sur une vigne de quatre feuilles. C'était sa première récolte ; la grêle de mai, l'an passé, l'ayant saccagée avait nécessité une taille nouvelle sur l'œil borgne.

Une vigne de trois feuilles a donné 65 comportes (la comporte est de 90 kilos), avec cette particularité concluante que le fruit a coulé sur tous les gobelets et n'a persisté que sur les branches à fruits laissées aux souches les plus vigoureuses.

Il y a beau temps que j'ai soutenu que la culture à long bois était la seule possible dans les régions qui ne sont pas franchement viticoles. Seule, elle assurera, en effet, une récolte annuelle et des moyennes rémunératrices.

16 octobre 1891.

Ne dirait-on pas que nous revenons à nos courses de prime d'honneur? Quel rajeunissement! Nous rattacherons-nous à la vie par ces vrilles de la vigne? Le jardinage et la viticulture à la Bastide m'ont sûrement prolongé. Je voudrais vous voir l'hiver à Clermont, l'été à Antibes, et je vous assurerais dix ans de fructueux ruminage automnal de bonnes pensées, d'élévation croissante vers le terme et ce qui suit le terme apparent, avec une santé suffisante et un doux entourage. Ah! si Mme Donatienne ressemblait davantage à un plant de vigne à taille longue!

Adieu, mon cher ami, merci de votre bonne poignée de main à Vichy, et Dieu nous donne de nous retrouver ici l'an prochain. Tout le monde se joint à moi pour adresser à votre entourage les meilleurs souvenirs et les regrets de ce passage manqué.

A vous de cœur.

J. Buisson.

La Bastide-d'Anjou, 4 février 1892.

Mon cher ami,

Ma lambinerie, aidée par le menu détail des distractions agricoles et des obligations croissantes de famille, devient un vice sénile. J'ai lu presqu'en entier les brochures que vous avez eu la bonté de m'envoyer dès que je les ai reçues, avec l'intention permanente de vous écrire et le temps a coulé entre mes doigts sans y rencontrer la plume qui est l'instrument nécessaire de l'écriture. Vous m'avez donc prévenu dans l'expression de nos vœux de bonne année. C'est dans l'ordre, la préoccupation permanente des Parisiens de faire ce qui doit être fait passe de beaucoup le coulage de loisir de notre vie rurale. Je vous admire en m'excusant. Pour le moment, je suis comme vous la proie d'un refroidissement que je soigne par peur de pire. Comme nos paysans ne croient pas au phylloxera, j'ai été long à croire à l'influenza et je crois que maintenant j'en ai peur.

Nos enfants de Belflous sont ici aujourd'hui, nous étions à Belflous il y a trois jours. La salle de billard était encombrée des cadeaux de premier de l'an. Quelles joies enfantines et, par suite, quels bons sourires des grands parents! Il y a eu surtout une charrette anglaise, un petit âne gris d'Afrique qui a eu un succès foudroyant. Chacun avait contribué à meubler au complet ce joujou divinement réussi. On a couru, versé, remonté, roulé, sans autre inconvénient que d'ajouter de l'imprévu à l'agrément du jour. Je réfléchissais à ce sujet à la différence qu'il y a entre la scie du jour de l'an de Paris, commencé par les portiers et finissant par les attentions des relations mondaines, avec notre jour de l'an patriarchal. Je crois que l'avantage est de notre côté.

Nous avons eu, dans ce pays, quasi six mois de beau temps et nous nous en sommes donné de travaux agricoles jusqu'au cou. Gustave étant tout entier à sa jeune femme, c'est moi qui ai porté assez allègrement, jusques à ces derniers temps, le poids d'une surveillance intéressante. Mais il me tarde à présent d'être aidé et je prierais volontiers la lune de miel de se retirer derrière les nuages. Par suite du même provincialisme, nos enfants ont rapporté de leur voyage de noces des espérances tout à fait précoces, relativement à vos coutumes urbaines. Il n'y paraît pas autrement qu'aux

dimensions, car nul accident n'a signalé ou troublé ces débuts. Nous n'avons donc qu'à demander à la Providence que cela continue ainsi jusqu'à la fin..........
.... Portez-vous bien à tout prix. Ce souhait-là est le premier que je vous adresse, le second est de finir à souhait la guerre d'Amérique.

Adieu ami, mille choses affectueuses de toute la maisonnée d'ici pour la vôtre.

J. Buisson.

La Bastide-d'Anjou, 13 février 1892.

Mon cher ami,

Je viens de perdre ma sœur puînée, Mme Félix Azaïs. Il y a juste vingt ans, appelé par dépêche à Castelnaudary, j'accourais et, débarqué à la gare, j'entendais sonner son agonie. Mais on venait de se décider à pratiquer l'ouverture de la poitrine pour percer un abcès énorme de la plèvre et je la trouvai vivante. Un saint homme, nommé le R. P. Gignac, appelé à la secourir de Castres qu'elle habitait avant de venir à Castelnaudary, nous dit avec une certitude convaincante : « Ce sera long, mais elle ne mourra pas. » Mandé de nouveau par le télégraphe, je suis arrivé à Castres pour trouver encore ma pauvre Louise à l'agonie. Elle avait une congestion pulmonaire qui ne pardonne pas les organisations entamées..

J'ai retrouvé à son chevet ce même fidèle P. Gignac, qui est revenu, trois fois en deux heures, l'exhorter et la soutenir. Toute une abondante famille chrétienne remplissait la chambre et ma première impression a été que ce grand homme émacié dans les longs plis droits de sa soutane prenait notre place. Mais, que cette impression a peu duré ! Chacun de nous, apportant la note de sa sensibilité, n'eut fait que troubler la pauvre malade et augmenter ses anxiétés de la mort prochaine et présente, tandis que cet homme de Dieu, avec une simplicité, une douceur, une force que la foi et la sainteté seules peuvent donner, a conduit insensiblement la pauvre mourante à la pensée unique et à la présence de Dieu. Tout le monde, sauf le Père, était agenouillé. Ma sœur murmurait quelque chose à chaque parole, à chaque prière. « Vous m'avez entendu, puisque vous m'avez répondu, a dit le père à la malade. — J'ai répondu bien mal, » a-t-elle dit, avec une énergie qui était dans son caractère. Elle s'est éteinte sans souffrance peu après.

Je n'ai pu m'empêcher de dire au père en l'accompagnant : « Vous êtes un fier compagnon pour le dernier voyage, bienheureux ceux qui vous ont à leur portée. »

J'étais allé à Castres en proie à un refroidissement qui m'eut retenu en toute autre circonstance. Je n'ai pu rester jusqu'aux obsèques. Je suis rentré et je garde la chambre. Je vous écris ce soir beaucoup pour moi, pour me décharger le cœur, beaucoup pour vous, pour ouvrir le vôtre aux consolations de la foi. Communiquez notre deuil à tous les vôtres. Je vous embrasse. Mille amitiés.

J. BUISSON.

La Bastide-d'Anjou, 25 avril 1892.

MON CHER AMI,

Je n'ai pas encore lu votre notice sur M. C. Vergé et voilà pourquoi je ne vous ai pas écrit. Accumulation de travaux agricoles, indisposition, courses à Toulouse, bureau des Jeux floraux, lassitude résultant de mon âge ou de mon affection, voilà la série des empêchements, sans compter les dégoûts de la politique courante. Il y a un autre empêchement, plus intime et peut-être plus paralysant que tous les autres réunis :

je vis depuis des mois suspendu entre l'agonie lente de deux saints qui sont mes amis. C'est le fond du tableau qui ne change pas, pendant que les premiers plans seuls apparents se modifient chaque jour. Ma vie coule dans les accidents ordinaires ; mais une voix secrète et quasi continue les entrecoupe de la prière de Marthe à Jésus-Christ au sujet de son frère : *Seigneur, ceux que vous aimez sont malades.* A chaque fois, c'est un attendrissement que je suis obligé de réprimer et le désir d'être le témoin et le soutien de ces agonies, qui s'achèvent l'une à 100, l'autre à 800 kilomètres d'ici. Le monde croit que tous les saints sont les mêmes, absolument comme toutes les brebis d'un même troupeau nous semblent pareilles, pendant que le berger, qui y regarde plus et mieux que nous, les reconnaît chacune à des signes particuliers. Mes deux saints, des saints à canoniser tout de suite, sont deux types de saints tout à fait différents.

L'un est le Père Jean, abbé mitré de Fonfroide près Narbonne. L'histoire de sa vocation est singulière. Il était le directeur très honoré, très aimé, d'une maison d'éducation dans le Gard, lorsqu'un missionnaire de passage lui affirma qu'il devait entrer chez les Bénédictins. « — Moi, dit-il, mais je n'en ai pas la moindre envie. Grâces à Dieu, je fais le bien ici, j'y suis entouré de la considération qu'il faut pour cela, j'aime mon métier, j'aime mon évêque qui m'aime. Non, non, non, il n'y a rien à changer à la vie que la Providence m'a faite. — Bah! Bah! Vous irez chez les Bénédictins, *c'est la volonté de Dieu.* » Le Père Jean se mit à rire.

« Cependant, me dit-il, quand je fus seul, ce mot : *C'est la volonté de Dieu,* devint une obsession. Il faut vous dire que, pour nous autres Cévenols, la volonté de Dieu est la forme même de la dévotion : si Dieu le veut, si c'est la volonté de Dieu ; mes enfants, dit le père de famille, c'est la volonté de Dieu! La conformité à la volonté de Dieu est la présence réelle de la foi dans mon pays, et je finis par conclure... tu serais capable de résister à la volonté de Dieu!

« Cependant ces impressions s'effacèrent et je n'y pensais quasi plus quand mon missionnaire repassa. « Eh bien, me dit-il, avez-vous pensé à ce que je vous ai dit ? — Certainement, mais je me trouve toujours très bien ici. — Je vous assure que vous n'êtes pas fait pour y rester, la volonté de Dieu vous appelle ailleurs. » Le Père Jean prenait toujours la chose en riant. « — Bah ! répondit-il au missionnaire, j'ai d'ailleurs bien le temps d'y penser. — Mais non, mais non, c'est tout de suite qu'il faut aller chez les Bénédictins. — Comment tout de suite ; mais il me faut plus de six mois pour liquider les affaires de la maison, il faut obtenir l'adhésion de mon évêque, il faut, il faut... — Rien, il faut entrer au couvent. » Eh bien, mon cher ami, j'ai fini par venir ici, achevait le Père Jean et je constate chaque jour que c'était la volonté de Dieu. » De fait, il a toute la largeur et l'admirable et précieuse liberté d'esprit qui caractérise, parmi les autres ordres religieux, les fils de saint Benoit et de saint Bernard.

On avait fait, malgré lui, du Père Jean un abbé mitré — « on ne se fait pas moine pour ça, me disait-il », — mais sa capacité et sa vertu l'avaient désigné, il a fallu obéir. « Heureusement, ajoute-t-il, je suis devenu si faible qu'on m'a délivré de l'obligation de porter les somptueux *impedimenta* de l'épiscopat. » — « Tirez-moi ça, tirez-moi ça », répétait-il dès la fin des cérémonies. Il est actuellement si anéanti qu'on n'entend plus même sa voix. Il vient de m'écrire « dans sa lente agonie » quatre lignes que je garde comme une relique. « Je n'ai plus que le souffle et je ne cesse de gémir intérieurement en pensant que ce souffle va me manquer. » Le prieur m'a écrit hier : « Il a toute son intelligence, tout son cœur et la même sérénité de sourire que vous lui avez toujours connue. » Voilà le Père Jean.

30 avril 1892.

L'autre saint qui m'échappe est une sainte. C'est la veuve de mon ami et collègue Vingtain.

Je voudrais résumer pour vous cette existence, qui est une merveille de grâces où la Providence m'a donné de contempler la puissance du catholicisme pour transformer en floraisons délicieuses les bourgeons humains les plus délicats, les plus exposés aux lunes rousses.

Mme Vingtain, Claire Gentil, était née dans un milieu de bourgeoisie parisienne indifférente et ignorante en matière de religion. M. Gentil était banquier; en 1830, se croyant ruiné, il se tira un coup de pistolet dans la tête, survécut, mais devint aveugle. Il a vécu jusqu'en 1873. Mme Gentil était une Marcellot — les Marcellot, marchands de bois aux grands chantiers derrière la Madeleine, que les expropriations de ce quartier enrichirent lors de la percée de la rue Tronchet. M. Gentil, à la suite de la liquidation de sa banque, se trouvait également pourvu d'une belle fortune. Donc, fortune égale et aussi indifférence religieuse pareille.

Cependant Claire Gentil a eu une enfance très pieuse. Cela a tenu simplement — il est probable — à quelqu'un de ces excellents catéchismes de paroisse de Paris. Devenue jeune fille, elle avait des velléités secrètes de carmélite qu'elle ne confiait à personne. Mariée à Léon Vingtain, fils d'un notaire de Paris, elle ne changea pas d'atmosphère. Ni Monsieur ni Madame Vingtain n'avaient été des catholiques pratiquants. M. Vingtain, d'ailleurs, était mort depuis longtemps et Mme Vingtain s'était remariée avec M. Chasles, le frère de la victime du faussaire Lucas; l'intérieur de Mme Chasles, autre milieu indifférent, académique et plutôt philosophe. Léon Vingtain était l'ami de Lambert Sainte-Croix, d'Andral, de Target, de Ferdinand Duval, etc., etc... Vous voyez d'ici cette aimable, spirituelle et peu dévote compagnie. Mme Vingtain, très intelligente, très cultivée, parlant l'anglais, l'allemand, participait aux travaux de son mari. Elle avait, d'ailleurs, un extérieur agréable avec une tendance à l'embonpoint, mais rien qui excitât le regard. C'était une aimable et correcte bourgeoise. Cependant sa douce figure s'éclairait par moments d'une lumière intérieure, très sensible pour un peintre de portraits..... C'était le seul trait original de sa personne.

Eh bien, mon cher ami, de tout ce qui précède est sortie une double existence extrêmement curieuse et attachante. La vie apparente de Mme Vingtain a été la vie exemplaire d'une mère chrétienne, très attentive, très pratique, sans ombre de distraction de ses devoirs d'état, très féconde en résultats ; et, par le seul effet de sa grande vertu, sans empressement, sans manèges, elle a fait peu à peu de son père, de son mari, de sa mère, de son frère, des Gentil en masse, des Marcellot en masse, de sa domesticité, un groupe de gens pieux dont la vie s'est élevée en se christianisant à un état moral tout à fait remarquable.

Et pendant ce temps la vie intérieure de Mme Vingtain croissait aussi, mais d'une croissance supérieure et mystique. Le bourgeon carmélite fleurissait, fleurissait. Elle n'a jamais cessé de croire qu'elle était faite pour être carmélite et elle m'a avoué, qu'épouse comblée, mère de trois filles, de nombreux petits-enfants, elle ne pouvait passer devant un monastère de sainte Thérèse sans éprouver une émotion irrésistible. Les vertus du cloître, l'amour de la solitude, le détachement, l'anéantissement de soi-même, le saint désir de la mort se sont peu à peu développés en elle dans ces dernières années, et véritablement sa perfection dans l'accomplissement des devoirs d'état, son activité dans les bonnes œuvres et cette ascension intérieure, cette aspiration de plus en plus haletante vers Dieu, réunies en une seule personne, c'est la sainteté ou je ne m'y connais pas.

Des coïncidences fortuites d'intervention affectueuse dans les événements qui ont précédé la conversion de son mari, qui avait été le désir passionné de toute sa vie, avaient rendu notre amitié fort étroite. Elle m'attribuait en partie ce qui avait été le fruit unique de sa vertu et de ses prières.

Elle m'avait donné rendez-vous à Paray-le-Monial le jour même que j'ai dû garder pour vous à Vichy.

Depuis ce moment, trois de mes lettres étaient restées sans réponse. Au courant de toutes ses résolutions et procédés de détachement, je me disais : faut-il dorénavant se taire ? lorsque ses filles m'ont écrit qu'elle était très malade d'une coqueluche au retour de Paray, et, qu'à la suite, une crise de maladie de foie avec tumeur, douleurs intolérables, délire, l'avaient mise dans un état affreux. Elle a voulu recevoir l'extrême-onction en pleine connaissance avant toute ponction de morphine pouvant diminuer son intégrité mentale. « Durant la cérémonie, m'écrit sa fille aînée, vous ne pouvez vous faire une idée de sa sévérité, on eut dit qu'une force surnaturelle la soulevait sur son lit et l'élevait vers Dieu. » Mme Vingtain m'a écrit elle-même peu d'instants après. « Mes premières lignes sont pour vous. Je recommence à souffrir, mais je nage dans la joie... »

La réalité de ces deux agonies bien plus cruelle m'obsède, me poursuit, empiète sur tout le reste de ma vie. Voilà pourquoi je n'ai pas lu M. Vergé, voilà pourquoi je ne vous écrivais pas. Cette revanche de huit pages m'expliquera et m'excusera auprès de vous, mon cher ami.

Amitiés, hommages pour tous. J'espère que le mauvais temps, ridiculement en retard cette fois, ne vous est pas trop dur à porter. Bien à vous, cher ami.

J. Buisson.

La Bastide, 30 mai 1892.

Mon cher ami,

Notre pensée se rencontrait donc à moitié chemin de la Bastide à Paris. J'ai lu, depuis ma lettre, la notice sur M. Vergé qui m'a ramené dans un temps dont il n'y avait qu'à développer les bonnes semences au lieu de tout casser par amour désordonné du neuf. La génération spontanée n'est pas plus vraie en politique qu'en histoire naturelle et elle est beaucoup plus fatale dans ses prétendues applications. Le monde de M. Vergé était un monde de capables souvent inconnus du public; le monde d'aujourd'hui n'est peuplé que d'incapables très connus de la masse par la presse. Ce sont les politiciens. Nous n'avons ni les traditions, ni le caractère, ni les vertus, ni les défauts des peuples qui supportent le régime des politiciens. C'est fort grave. Il y a un mot de Vico qui me cause parfois des terreurs : « Si un peuple ne sait pas constituer chez lui le commandement et l'obéissance, il obéira à un autre peuple. »

Mme Vingtain a subi la ponction de son abcès au foie dans des conditions meilleures que les médecins ne l'espéraient. Ils ont donné à ses enfants une lueur d'espoir.

Votre bulletin familial n'est pas fameux. J'ai de la peine à me figurer Caze dolent. Retournez-vous tous vers la santé avec le beau temps.

Gelée noire hier, 2 mai. Vignes saccagées, frais de piquets, de fils de fer, d'attache, d'engrais, de fumures, de travail perdus. Ils n'ont abouti qu'à nous leurrer d'une sortie de raisins énorme. Je viens de visiter diverses vignes de paysans, pas un bourgeon vivant. C'est une grosse perte pour nous, c'est un désastre pour les petites reconstitutions de parcelles du vigneron. Nos fourrages ont aussi beaucoup souffert.

Amitiés, hommages.

J. Buisson.

J'attends le volume annoncé.

La Bastide d'Anjou, 14 juin 1892.

Tout d'abord, mon ami, que je vous annonce la naissance de M. Pierre Buisson. Marié le 29 juin de l'an passé, vous voyez que Gustave a été exact. Après une grossesse exceptionnellement heureuse, la délivrance a suivi pareillement. Germaine a eu une vraie vaillance pour un début. L'enfant est aussi un vrai garçon du poids de 8 livres — car on pèse aujourd'hui les enfants — et il est aussi bien constitué qu'on le puisse désirer. Notre fille va essayer de nourrir. Les naissances n'ont pas été rares dans la maison, mais il y avait longtemps qu'on n'en voyait plus — Gustave a passé trente ans. — Ce recommencement m'a remis en mémoire des émotions qui ont été les plus douces de ma vie et que la Providence a bénies, en majorité, ne se montrant jalouse que de ma pauvre petite Marguerite.

Qu'ai-je fait personnellement depuis votre dernière lettre? une bêtise, que j'ai payée de quatre semaines de fauteuil. J'ai éraflé mes deux tibias cruellement en sautant un fil de fer de vignes sur cordon, dont le piquet s'est cassé sous le poids de mon corps. Je recommence à marcher; j'ai fait hier en deux fois 6 kilomètres; mais je dois encore bander mes jambes.

Merci des *Causeries* de M. Gauthier, qui m'ont laissé la même impression qu'à vous, et du *Salon* de la *Liberté*, raisonnable, mais par trop calme. Tout cela était aisé à lire au fauteuil. Ajoutez-y le *Michel-Ange* d'Ollivier, le volume de Vacherot et enfin des livres susceptibles d'être tenus à la main dans un fauteuil et lus commodément. Le monument a donc eu tort; le dernier volume de la *Coopération de la France à l'établissement des Etats-Unis d'Amérique* n'est pas encore coupé, je le confesse.

Circonstance atténuante : le *Michel-Ange* d'Ollivier m'a remis en mémoire mon Michel-Ange, celui que je possède *in petto* et que je revois de temps en temps dans les grandes photographies de Braun. J'ai fortement vécu avec lui, et si j'étais en un milieu de travail il en serait resté quelque chose. Il y a dans le livre d'Ollivier un maître chapitre sur le jugement dernier et sur Vittona Colonna. Mais comme tout ce qu'il a écrit depuis sa thèse sur le mariage, il n'est point exempt de remplissage et d'illusions sur les amis dont il se coiffe trop aisément. La caractéristique technique du dessin et du génie de Michel-Ange en est, d'ailleurs, volontairement absente.

Nous voici à la mi-juin. Cette fois ne nous manquons pas.

Arrangez-vous pour passer par ici en allant à Antibes. Faites filer vos *impedimenta* par le plus court, et que le personnel consente à ce détour amical de la Bastide avec de simples valises. Vous aurez la primeur de maître Pierre ; qui sait? cela portera peut-être bonheur à Mme Donatienne. Il y a des logis où l'on ne passe pas impunément. Adieu, mon cher ami, écrivez-moi bientôt.

Amitiés, souvenirs, hommages et appel pressant.

J. Buisson.

La Bastide, 17 septembre 1892.

Mon cher ami,

Vous le voyez, un deuil, et quel deuil ! Jacques, l'unique garçon de mon fils Joseph, nous a été enlevé par une méningite à la suite d'accident. Tout ce que vous pouvez imaginer de candide délicatesse, de charme, de tendre à propos durant sa maladie, cet enfant l'a déployé jusqu'à la fin. C'était mon espérance, notre continuation — je n'en verrai plus de cet âge. Il allait avoir dix ans. Il a fait sa première communion dans son lit avec une candeur délicieuse...... Je vous écrirai plus tard. C'est ainsi que mon pauvre Joseph *commence* l'expérience du malheur. Alice a été, est, sera admirable, toujours debout, ne manquant jamais de douceur et de grâce dans la douleur, avec cela, plus forte qu'un chêne. Que sommes-nous auprès des mères, mon cher ami?

J'avais perdu votre trace, je ne savais que penser.

Ah! oui, venez me voir. Venez me voir, je ne vous pardonnerais pas de passer sans me serrer la main.

Souvenirs, amitiés hommages.

J. Buisson.

La Bastide, 21 octobre 1892.

Mon cher ami,

Quelle bonne nuit je vous dois! quelle bonne nuit de septuagénaire! Endormi à dix heures, je ne me suis éveillé qu'à quatre. Et tout de suite j'ai pensé aux deux mauvaises que vous aura coûté votre aimable crochet sur La Bastide. Naturellement le crochet m'accroche davantage et je n'ai pas voulu tarder à vous le dire bien que le froid aux mains — je reviens du champ où j'étais dès cinq heures et demie — me donne une écriture lente et gênée fort différente de ma cursive ordinaire. Je suis allé mettre en train sur place une expérience d'engrais assez compliquée pour les dosages. Je trouve au retour la presse en travail à la cave et les charretiers de Massagut arrivés pour prendre le reste du blé vendu.

Vous avez aperçu un coin de cette activité salutaire, retour des anciennes habitudes d'avant la politique. La privation volontaire d'un régisseur y mêle des détails qui m'agacent quelquefois; mais j'échappe, d'un autre côté, à tous ceux de la servitude urbaine et mondaine. On ne peut pas tout avoir. Comme il faut toujours désirer quelque chose, je rêve d'être débarrassé de toutes les ingrates charrettes publiques que je traîne encore, comité politique, comice, mairie, pour être tout entier à ma famille, à la préparation de ce qui doit m'être le plus utile après moi, à mon agriculture, à mon cabinet, qui a vraiment une ouverture suffisante sur le ciel, au soleil levant.

Je vous ai accompagné dans votre wagon nocturne, dès que je suis rentré en possession de moi-même. Vous avez dû avoir bien froid? Les nuages ont empêché la gelée ici, mais le thermomètre n'en était pas moins très bas, se rapprochant de cet affreux zéro que nous redoutons tous les deux... Je crois que c'est la vraie marque, le commencement certain de la vieillesse, que cette peur. Vous allez trouver à Clermont beaucoup de vides. Votre œil se reposera tristement sur votre maison qui n'est plus vôtre. Vous serez hanté par les souvenirs de Barlière, aliéné aussi. Tout cela n'est pas gai. Je vois une autre mauvaise nuit encore entre Paris et vous. Enfin, la rentrée dans un appartement nouveau, vide de gens et de souvenirs, qui n'est pas encore fait à votre pli. Heureusement, ce je ne sais quoi qui est l'atmosphère de l'activité de Paris vous prendra au collet. Ne nous y oubliez pas comme nous ferons ici pour vous. Je me bercerai de l'espoir d'un crochet à moi cette fois, en mai prochain, sur Paris et sur Vichy précoce, si..... Dieu le veut.

Adieu, je vous embrasse et je reviens à mon cher petit Coco. Que Dieu vous garde.

J. Buisson.

La Bastide-d'Anjou (Aude), 5 janvier 1893.

Grand merci, mon cher ami, du *Journal de E. Delacroix*. J'en suis hanté et c'est un supplice pour moi d'être absorbé, comme maire, dans les embarras et règlements d'indemnités pour un gros incendie qui a dévoré le tiers d'une rue du village et de ne pouvoir revenir à ma lecture.

Enfin, voilà un homme, et dans une corporation où il y avait, de son temps, le moins de chances d'en trouver, étant donné le recrutement de son personnel. J'ai la tête envahie par les idées, les comparaisons, les vérifications personnelles que chaque page provoque en moi et j'aurais besoin, pour m'y reconnaître, avec une mémoire qui n'est plus qu'un crible où tout passe, de dresser une table par mots, comme j'en ai une dans mon vieux volume des *Confessions de saint Augustin : Abattement, Académie, Action, Admiration*, etc., *Brioche;* la désormais célèbre brioche qui opprime « l'âme immortelle » de ce dandy intellectuel et l'oblige à dormir au nez de Behteowen, etc., etc. Le livre est si plein que je n'en sortirai pas autrement.

Je me frotte les mains des promenades que je rêve dans mon jardin, que les pluies ont rendu superbe, avec cette âme d'aristocrate naturellement sincère avec elle même et avec les autres.

J'en demande pardon, mon cher ami, aux morts si je les calomnie en leur attribuant une faiblesse qui n'est peut-être que dans mon imagination; mais je n'ai jamais pu me tirer de la tête que Delacroix était, comme on l'a dit, le fils de Talleyrand. Quand je le rencontrais enseveli sous ses cache-nez comme le duc de Bénévent dans les flots de batiste du portrait de Girard, j'ai toujours été frappé de la ressemblance, du port de la tête, du clignement des yeux, de la manière identique de pénétrer par le regard : le père, le monde des impressions, des intentions, des pensées, des mobiles de ses interlocutions; le fils, le royaume de la couleur et des formes. Ajoutez la forme caractéristique des maxillaires inférieures... etc.

Resterait à expliquer comment d'un père donnant l'impression du blond serait né ce fils à chevelure d'un noir bleu, à teint exotique et olivâtre; comment de ce père *amoral* qu'était Talleyrand serait sorti cet être d'une haute moralité, Delacroix. Mais il y a d'autres ressemblances intellectuelles, un tempérament indéniable d'aristo voyant les hommes de très haut, et des facultés diplomatiques qui eussent fait de Delacroix un si bel ambassadeur, si on eût songé à l'employer, comme Rubens, aux grandes négociations d'État.

Il ne faut pas, d'ailleurs, être si exigeant dans la logique des filiations et s'en tenir aux traits d'importance, car il ne peut y avoir de grandes différences entre les pères et les enfants :

Les enfants, ça n'est pas commode,
Témoins, Marc-Aurèle et Commode.

Enfin, nous y reviendrons. Est-ce que l'hypothèse que je viens de vous soumettre pourrait décemment être écrite pour le public? Elle m'explique l'homme en plus d'un point, mais me semble manquer au respectueux silence dû à la mère qui nous a donné ce demi-Dieu. Qu'en dites-vous?

Mille amitiés, hommages, souvenirs, encore une fois merci.

J. Buisson.

La Bastide-d'Anjou, 21 février 1893.

Mon cher ami,

Que devenons-nous? je suis plus atteint que je ne le pensais; je renvoie, je laisse passer le temps et deviens incapable, absolument incapable pour la vie réelle. En retard sur tout, fatigué par les dates, les choses précises, les obligations d'affaires ou de correspondance, pris de curiosités subites pour les choses les plus différentes, par un besoin secret de me distraire dont je ne me rends pas même compte. En réalité, je ne fais que penser; à moins que je ne me mette avec rage à tailler de la vigne; et je n'ai jamais connu d'être, je ne me suis jamais connu plus dénué de volonté.

Voilà comment je me suis rendu coupable envers vous, sans m'en apercevoir autrement qu'en sursaut, la nuit, où l'on voit plus clairement que dans le jour. Vous m'aviez, en effet, fait une proposition amicale qui demandait une prompte réponse et j'aurais dû au moins vous dire tout de suite les difficultés qu'elle rencontrait...... Je traverse des heures malades d'inaction, d'attermoiement, de stupidité dilatoire. J'espère que le beau temps, mon petit Pierre qui commence à me connaître et même à me taquiner, le soleil et un petit-fils me donneront une secousse favorable. Enfin, je tâcherai de me ménager au printemps la ressource de Vichy.

Ne me tenez pas rigueur, donnez-moi de vos nouvelles. L'hiver n'a pas été si doux que votre femme ne s'en soit peut-être ressentie. Peut-être aussi votre gendre, que je ne puis pourtant pas imaginer malade, tant je l'ai vu ferme dans sa jeune et vive apparence de santé. Adieu, mon cher ami, mes affectueux souvenirs et hommages autour de vous, mille amitiés. Je vous embrasse.

J. Buisson.

La Bastide-d'Anjou, 11 mars 1893.

Mon cher ami,

C'est aujourd'hui l'anniversaire de la mort de Marguerite, en qui vous aviez prédit une femme et dont le Bon Dieu a fait mieux que cela en l'appelant de bonne heure et dans une sorte d'état angélique à la vie plus abondante de là-haut. Je n'attache pas grande importance à l'échéance de ces dates funèbres, ayant l'habitude d'une revue quotidienne intérieure qui est le témoignage d'une fidélité permanente; mais celle-ci m'amène à vous répondre plus tôt que je l'eusse fait par une association naturelle de souvenirs.

Je vois que les obligations de la vie sociale vous rejettent comme moi sur la douce et savoureuse liberté de la vie rurale. Nous sommes à l'heure de ce que le catholicisme, qui a de grands noms pour nommer tous les grands états de l'âme, appelle le *recueillement;* c'est aussi l'heure du *détachement;* c'est encore l'heure du couronnement, de l'*édification* de l'âme pour nous-mêmes et pour nos semblables.

Et cependant, comme nous nous devons à de jeunes familles qui sont dans une période différente de la vie, il en faut venir et se tenir à cet autre terme également chrétien de l'*abnégation*.

Est-ce un sermon ou un dictionnaire que je vous écris? Ni l'un ni l'autre; c'est un témoignage de pure amitié. Seulement il est donné en rentrant de la messe et se ressent probablement du lieu. Vous ne vous en fâcherez pas. Il est certain que je vous y ai fait assister un brin à côté de moi.

Je croyais vous avoir envoyé les trois articles que j'ai écrits coup sur coup sur mon Garipuy. Je réparerai mon oubli aujourd'hui, car j'ai encore les numéros du *Messager de Toulouse*. Vous vous expliquerez le commencement du premier article quand vous saurez que, Garipuy m'ayant dit un jour dans un élan affectueux : « Vous êtes le seul dévot que j'aime! » je me croyais une espèce de responsabilité dans ses derniers moments. J'ai su depuis qu'il avait été soutenu par un jeune prêtre et lui avait dit : « Si je vous eusse connu plus tôt, il est très probable que j'aurais pratiqué. » Il m'est revenu que les élèves de l'école des Beaux-Arts avaient été fort contents de l'hommage rendu à un maître qu'ils aimaient, et qu'on avait embaumé avec une banalité absolument officielle et des portraits qui ne ressemblaient en rien à l'original. J'ai été touché de cette approbation des jeunes. Il y aurait encore bien des choses curieuses à dire, pour un petit cercle provincial, sur ce sincère, sa famille, sa vie, ses rapports avec Chien-Caillou. C'est un ramassis original de notes dans le goût de Champfleury, mais des gens vivants y sont encaqués trop à la surface.

.... J'ai eu, pour ma part, dans nos concours des Jeux floraux à examiner les discours en prose sur le poète Goudouly. Cela m'a amené à me promener dans la langue d'oc et à m'expliquer l'hésitation qu'éprouva un moment le Dante a écrire sa *Divine comédie* en roman ou en italien, hésitation qui m'avait toujours semblé une énorme invention gasconne. Au dialecte de rieurs que parlait Goudouly, dialecte que j'ai connu dans mon enfance et que je parle, j'ai vu se substituer, dans le vieux roman, une langue grave, sonore, imagée, mais propre à l'expression des hautes pensées, du grand sérieux de la vie et capable de fournir la carrière d'un grand poème. La comparaison m'a fort intéressé.

La grande mélancolie d'une langue mourante sous l'effet de grands événements politiques ne m'a pas moins touché. En entendant les os de ma belle langue d'oc craquer entre les dents de ce malheureux de Simon de Montfort, qui l'avait réduite à l'état de bouillie patoise, je me suis répété cette phrase d'Emerson, qui nous scandalisa tant, nous Français :

« L'apparence est immorale, mais le résultat est moral... Les gredins l'emportent dans tout conflit politique.... La marche de la civilisation est une série de félonies, et cependant les fins générales sont toujours atteintes. » Il faut vivre à la campagne pour expédier d'aussi longues lettres, sans compter ce que je retiens. — Adieu, mon cher ami ; hommages autour de vous et amitiés. — Je vous embrasse de cœur.

J. Buisson.

P. S. — Encore un mot :

J'allais demander à Chennevières de m'acheter le catalogue de l'exposition Meissonier, afin que, si j'exécute l'idée d'écrire un article sur ce que j'appelle les *limites de Meissonier*, j'aie en main des éléments à peu près suffisants ; mais je reçois de lui une lettre où il me dit qu'il est bloqué par un eczéma. C'est donc à vous que je donne la commission. Je sais que le catalogue est illustré et que probablement il est d'un prix relativement élevé, mais il n'importe.

La Bastide-d'Anjou, 26 août 1893.

Mon cher ami,

Trente degrés à l'ombre, plus de cinquante au soleil,

que devient un Occidental par une température pareille? Les meilleurs fruits sont ceux des climats tempérés et aussi les meilleurs des hommes. Dix degrés de plus ou de moins et vous avez un Français, un Anglais, un Allemand, etc. ou un Lapon et un nègre... Le plus indépendant des êtres est tyrannisé par le thermomètre. Cela ne m'a pas empêché de faire ces jours-ci une découverte qui m'a donné une joie intellectuelle. Voulez-vous la partager?

Je copie pour vous une note écrite un de ces matins, à l'heure où la respiration est fraîche et l'idée libre.

« L'amour intellectuelle » de Descartes, « l'amour éternel, l'amour intellectuel » de Spinosa[1], l'amour dérivé de la lumière et de la connaissance, en un mot, qu'est-ce autre chose que le Saint-Esprit de la Trinité catholique faisant ses entrées dans la philosophie prétendue sécularisée et séparée de la Théologie?

L'homme est fait à l'image de Dieu, dit la Genèse; Dieu pense, dit la Théologie, et, comme tout est action en lui, et que son action est éternelle, sa pensée est sa parole ou son verbe éternel. En même temps, il aime ce verbe, qui est son fils et la manifestation de sa pensée, d'un amour également actif et éternel; et cet amour est le Saint-Esprit.

« La connaissance intuitive de Dieu, dans une vie toute spirituelle, dit Descartes, trouve son type, ici-bas même, dans la connaissance intuitive que la pensée de l'homme a d'elle-même. » Donc, à l'imitation de Dieu, l'homme pense, il a conscience de sa pensée; et lors qu'elle lui découvre la vérité, tout de suite il l'aime. Plus il connaît, plus il aime. De la lumière de son intelligence naît, par la lumière s'accroît son amour. Et l'homme aime la vérité « de la plus utile et ravissante passion qu'il puisse avoir... Son âme s'élargit, « dépasse l'univers, et la méditation de ces choses remplit l'homme qui les entend bien d'une joie si extrême qu'il pense déjà avoir assez vécu ».

1. « L'amour de Dieu pour les hommes et l'amour intellectuel des hommes pour Dieu n'est qu'une seule et même chose » (Spinosa).

Encore une fois, cet amour de lumière, n'est-ce point la ressemblance de l'homme à Dieu du côté ou du profil du Saint-Esprit? ou, si l'on veut, la traduction du Saint-Esprit en langage philosophique et scientifique? Et comme conclusion : J'éprouve une joie nouvelle et intense à découvrir et à goûter, sur le tard, l'éloquence interne et nue de ces génies mathématiques, qui n'emprunte rien à l'arrangement ou à l'imprévu des mots, aux sonorités, aux extériorités de la pensée. C'est comme un amour désintéressé, grave et chaste avec la vérité toute nue. Il rapproche la grandeur des vrais savants et de la science, de la grandeur de la sainteté et des saints. »

En attendant, nos raisins grillent sans mûrir. Le paysage qui était splendide pâlit. Il n'y a que le ciel qui reste superbe, mais implacable pour les agriculteurs et plus despotique qu'un sultan.

J'attends pour partir un permis de chemin de fer. Je voudrais passer d'abord par Paris dans mon désir de vous y rencontrer vous et au moins trois autres de mes amis. Donnez-moi vite votre adresse, que je perds et retrouve par intervalles. Je vous préviendrai par le télégraphe.

Amitiés, hommages, à bientôt Dieu aidant.

J. Buisson.

La Bastide-d'Anjou, 20 octobre 1893.

Mon cher ami,

Ah! que le temps marche vite pour les vieux et qu'ils ont du mal à le suivre. J'ai voulu vous écrire de Vichy, j'ai voulu vous écrire depuis mon retour... (28 septembre) et vous m'avez prévenu. La cure de Vichy devait se terminer par une tournée amicale chez mes Normands, mais j'ai été rappelé ici brusquement et lettres, télégrammes, plan longuement préparé sont tombés à l'eau. Comment vont les choses? de tous les amis, camarades de droit, collègues d'Assemblée que je comptais retrouver, je n'en ai pas vu un seul, et voilà que la couchée à Clermont m'a donné l'occasion de rechercher et finalement de découvrir Mme Lémarie, femme, seconde femme d'un ingénieur en retraite et sa sœur Mlle Baudesson. Ce sont les sœurs de mon premier et sérieux ami de collège entré à l'École normale et mort de la poitrine à sa seconde année. Nous nous contions nos ambitions, nous les promenions à tous les vents dans la forêt de Fontainebleau, — c'était son pays. Je l'aimais bien et je suis allé souvent prier le long du mur du cimetière à la place où je le savais enterré. En 1851, j'allai présenter ma femme à la famille Baudesson. Depuis je ne les avais plus revus, mais je savais qu'ils conservaient mon souvenir comme je conservais le leur. Nous nous sommes retrouvés dans le douloureux mais vivant souvenir, dans une grande rue de votre ville natale. ....

Tout cela change bien la vie d'aspect à notre âge et la remplit de pensées fort graves. Pour moi, je ne me remets pas de la mort de mon petit Jacques. Le petit Pierre grossit, grandit et essaie de parler, le malheureux, ne sachant pas tout le mal que peut faire cette satanée parole à soi et aux autres. Nous allons bien présentement. Grâce à Vichy-Jouvence je reçois des compliments sur mon bon air; mais, entre nous, les forces ne sont plus les mêmes.

Que vous dirai-je des Russes? Si Decazes fut resté ministre et Mac-Mahon président, il y a longtemps que l'alliance serait faite. L'amiral Avelane aux funérailles de ce dernier est une coïncidence singulière et dont Bossuet eut tiré un crâne parti dans son oraison funèbre. Deux choses me frappent surtout à propos des Russes : c'est la croissance effrayante des peuples jeunes comparées à notre stagnation; c'est l'avenir probable de cette alliance ; elle est actuellement essentielle dans dans ce moment et le mouvement national est une manifestation d'instinct, de celles dont l'universalité, la foule, est capable seulement quand il s'agit de l'existence. Cela a la valeur d'un mouvement de réaction vitale. On crie : « Vive le czar ! » On s'enthousiasme de la prière du soir sur les vaisseaux russes, etc., etc., mais la sécurité revenue, la bouillabaïsse démocratique recommencera à bouillir; mais ce n'est pas là ce qui me frappe. Je regarde à un avenir plus lointain. Quand les Russes seront 150 millions, les Etats-Unis à peu près autant, sans compter l'Extrême-Orient qui pullule jusques à 400 millions, il n'y aura qu'une confédération européenne qui puisse empêcher l'Europe d'être une quantité négligeable pour ces extraordinaires colosses. Alors la France ne saurait être du côté où elle penche à présent.

Mais la politique ne se fait pas à aussi longue échéance ; celle des démocraties, en particulier, est une marche au jour le jour.

Que vous parlez d'or, mon cher ami, dans votre petite brochure et quelle foule d'observations communes nous eussions échangées sur ce prétendu antagonisme entre la bourgeoisie et le peuple ! Il y a une affirmation de ce répulsif Louis Blanc qui passe la mesure et vous avez bien raison de vous étonner que Spuller, qui est un esprit d'une autre trempe, ait écopé à la même bourde. La bourgeoisie aurait fait la révolution pour acheter à vil prix les biens de l'Eglise et de la noblesse ! .... Eh bien, mon cher ami, racontez à ces singuliers historiens que jusque au milieu du siècle présent et même après, le fait de rencontrer dans un patrimoine des biens d'Eglise ou de noblesse était, dans cette même bourgeoisie, une sorte d'empêchement dirimant, par exemple pour un mariage. Il en restait sur le compte des possesseurs comme une note d'infamie et il fallait établir qu'on avait acquis non de l'Etat révolutionnaire, mais des possesseurs subséquents, et encore !

Votre étude est, d'ailleurs, trop courte et réduite presque à l'éreintement de Louis Blanc ; elle demande des compléments.

Dans les croquis du personnage, de ce séminariste sans tonsure du Musée des souverains, il y a cette phrase de Leibnitz : *Cave consequentiam*, comme qui dirait *cave canem*.

Il est nuit, je finis. Nous avons l'été de la Saint-Jean, ou plutôt nous avons le beau temps depuis un an. Le jardin est superbe, la campagne aussi.

Souvenirs, hommages, amitiés. Il est cruel pour nous que l'état de Mme Doniol ne vous permette ni détour, ni arrêts, ni séparation. Je tâcherai de me compenser par un petit voyage à Paris.

J. Buisson.

La Bastide-d'Anjou, 8 février 1894.

Mon cher ami,

Je rentre ahuri de Montpellier où je viens de marier J.-Paul avec Mlle Marie-Thérèse Dumont, de Montpellier. Projeté pour avril, ce mariage, qui me donnait le temps moral des communications, a été, tout à coup, pour des convenances de famille, avancé au 5 février. Il a fallu, en bloc, réécrire à tous les parents, renouveler les avis, le programme de la noce ayant même été modifiée deux fois, et j'ai écopé à tous ces écueils.

Je vais maintenant vous mettre au courant : Mlle Dumont est la sœur de la femme d'un *défenseur* fort coté à Tunis, M. Gueydan, que Caze doit certainement connaître. Elle n'a que vingt ans ; J.-Paul en a quarante ! C'est une grande et très agréable personne, aussi grande que lui, du naturel le plus sincère et le plus aimable. A mon objection sur l'âge, mon gaillard a répondu par cette philosophie singulière : « Après quarante ans de vie régulière et laborieuse, on peut bien chercher, dans le mariage, des compensations de jeunesse. » Dieu sait si je les lui souhaite, avec toutes les autres qu'il mérite par son affectueux dévouement à tous ses frères et sœurs, sa générosité, son désintéressement!

Nous voici de retour après avoir été dépaysés une semaine. C'est beaucoup à mon âge. J'ai rapporté de Montpellier, cependant, le sentiment réconfortant et pacifiant que comporte l'établissement longtemps désiré du dernier de mes enfants. Considération de la famille, bonne situation de fortune dans nos ambitions modestes, charme de la personne, il me semble que mon air respirable est plus léger. Si j'ai le temps d'ici à ce soir, je copierai pour vous, cher ami, ce que j'ai dit, sur l'insistance amicale des Dumont, à mes enfants. C'est pourquoi je vous quitte vite à présent, sauf à vous revenir dans la journée. Nos affectueux souvenirs et nos hommages tout autour de vous.

A vous de cœur, mon cher ami.

Le jeune ménage s'embarque vendredi pour Alger et ira de là à Tunis où je voudrais bien qu'il pût rencontrer Caze.

J. Buisson.

La Bastide, 28 février 1894.

Mon cher ami,

Nos enfants, retour d'Alger et de Tunis, viennent de nous donner quarante-huit heures. Ils sont partis pour Perpignan, nous laissant le sentiment d'un vide que la comparaison avec les réunions des jours écoulés rend très sensible. Le congé du directeur finissait le 25! Ce congé des fonctionnaires de l'Etat, des employés de toute sorte m'a fait bien souvent opérer un retour sur ma vie passée. Depuis le collège, je n'ai eu à demander de congé à personne. — « Quel métier faites-vous donc? me disait un jour un de mes collègues, fort esclave de son métier, devant cette scandaleuse déclaration. — Je suis agriculteur. — Agriculteur! et il me regardait avec stupeur. — Agriculteur!! » Et je lui expliquai, me l'expliquant à moi-même, que j'avais dû à mon métier trente ans d'indépendance vraiment incomparable. Mais depuis, que de tintouin elle m'a donné cette agriculture!

Pour le moment, j'attends qu'un temps résolument sec me permettre d'entrer dans mes vignes.

Vous êtes fort heureux de travailler et de me donner à lire d'intéressantes brochures sur un temps et des sujets qui nous sont également familiers. Pour moi j'y tâche et n'y parviens plus. Sous prétexte que mon atelier a le plus beau jour de la maison, il est devenu une *nursry*, un atelier de couture, de lecture, un lieu de débarras, un capharnaum. Je proteste, je proteste et je laisse faire. Avez-vous remarqué ce signe de vieillesse : ne plus résister? Depuis le mois de novembre où j'ai écrit sur Mac-Mahon l'article que je vous ai envoyé, j'ai charpenté successivement trois projets de travail : l'un sur les Tiépolo pour Henri de Chennevières, l'autre ayant pour titre : Sociophages, socialistes, sociologues, gobeurs; le troisième : une perle du Musée de Montpellier (l'Ariane de Tassaërt), sans rien achever, sans rien conduire même à cet état où il n'y a qu'à ordonner et réduire des idées éparses sur des feuilles volantes. Est-ce l'invasion, est-ce la faiblesse de la volonté, suite de l'âge? Je ne compte plus sur moi; plein d'idées, mais plein d'oublis. L'être double qui est en nous, le distrait, — j'appelle le mien le fredon, parce que fredonner est, chez moi, sa manière de se mêler de ce qui ne le regarde pas, — le fredon devient de plus en plus obstruant, rabâcheur, incommode. La mémoire boite, le désir d'expression adéquate à la pensée, de certitude dans les informations augmente en raison inverse de cette incertitude du souvenir; que vous dirai-je? Il me faudrait un coup de fouet, par exemple, un voyage à Venise, même un simple voyage à Paris, pour raviver les forces d'exécution.

Je deviens, d'ailleurs, pessimiste, ce qui m'est fort pénible étant optimiste de naissance. Je ne vois plus à quoi nous nous raccrocherons. La diminution de la moralité, de la clarté, de la volonté, des qualités de bon sens de la race, la décroissance de la population, qui accompagne toutes les décadences, la faiblesse de chacun à affirmer et à soutenir sa doctrine, trahissent une débilité mentale et matérielle affligeantes. Je ne me sens pas d'aigreur, mais une grande tristesse.

Tout ceci a trait, vous le sentez bien, aux impressions publiques. En famille, au contraire, je jouis, comme vous l'avez deviné, du bonheur d'un désir persistant enfin accompli. Ma belle-fille nous a tous séduits par sa jeune et gracieuse sincérité de nature. Elle est, d'ailleurs, très agréable et très gracieuse avec sa grande taille. Il y a là de délicates jouissances à savourer pour un mari de quarante ans, qui est, d'ailleurs, plus jeune que son âge.

Le jour tombant me coupe la parole.

A vous de cœur, mon cher ami ; à tous les vôtres hommages, souvenirs affectueux de toute la maisonnée.

J. Buisson.

Vichy, 22 juillet 1894.

Mon cher ami,

Ces jours passés, sur l'assurance donnée par celui de mes neveux qui vous avait pris l'an passé à *Salers* pour un vieux général, que vous étiez à Royan, je vous ai télégraphié quatre mots. Ma pensée était de partir par le premier train pour Clermont, d'aller vous rejoindre et de passer la journée avec vous. Je vous avais donné toutes vos qualités officielles pour suppléer au manque d'adresse. L'administration du télégraphe a pris un jour pour vous chercher, et, ne vous trouvant pas m'a écrit, le lendemain sur télégramme jaune :

« Doniol, directeur Imprimerie nationale, inconnu Royan ; » — ou « Royan *inconnu* ».

Vous étiez donc déniché ?

J'en ai bien du regret.........

Je n'ai pas voulu quitter Vichy sans vous faire signe. Je partirai après demain. La chaleur est accablante.

Hommages, amitiés et surtout souhait de santé trempée dans l'eau de mer, et désormais solide.

Votre ami.

J. Buisson.

La Bastide-d'Anjou, 31 juillet 1894.

Mon bien cher ami,

Les Français sont brouillés avec la géographie, c'est entendu ; à notre âge, ils se brouillent avec la mémoire ; que de brouilles, mon Dieu ! J'avais bien mis Royan et ne soupçonnais pas l'existence de Royat. Je suis toujours passé par Clermont-Ferrand, mon chemin kilométrique le plus court, malgré la perspective atroce de deux couchées de route, Clermont et Toulouse, ayant le désir de revoir au passage les Lémarie-Baudesson. Je les ai trouvés empêtrés dans un mariage. Arrivé à dix heures, j'ai donc eu toute la journée à moi, et j'en ai bien usé comme vous allez voir.

Cette fois j'ai vu Clermont, en curieux, montant et descendant, prenant de vieilles rues étroites transversales à droite et à gauche des montées ; aidé par les reconstitutions très intéressantes du vieux Clermont exposées au Musée, je me figurais la vieille ville. La pierre obscure des constructions aidant et la sobriété des ornements, elle devait être très grave d'aspect du temps de Pascal. La couleur sombre des montagnes environnantes et des dômes grandioses ajoutait à la gravité de l'ensemble. Grandeur et tristesse, quoique cette tristesse soit opulente dans les champs. Pascal a bien dû naître là. J'ai longtemps contemplé son masque moulé sur nature après sa mort, à côté de la petite machine à calculer que nous avions vue jadis ensemble. Combien ses portraits gravés, combien même la statue de Guillaume ont peu pénétré la forme du crâne, l'ossature, la charpente, si puissante avec une bosse proéminente un peu en dehors de la ligne médiane du front et unique, le développement énorme du front, l'angle facial nullement oblique, comme on le laisse supposer ordinairement. Les portraitistes de Pascal se sont évidemment laissé duper par le voile d'une chevelure épaisse dissimulant des tempes puissantes, et par l'exophtalmie, quand il vivait, de cette espèce d'yeux de fœtus, qui ont reculé dans leur orbite après la mort, orbite superbe. Ces yeux avancés feraient fuir le front pour des observateurs superficiels. Les mêmes observateurs n'ont pas compris ce nez si spécial qui commence comme celui de Condé, mais qui en diffère sensiblement par la terminaison et l'arc démesuré des narines. L'importance des joues et des badigoinces est, d'ailleurs, exagérée dans le masque par le gonflement qui suit de si près la mort; la saillie des pommettes en est amoindrie. — C'était encore là un des traits qui ont aidé aux illusions des dessinateurs et des sculpteurs de la figure de Pascal.

J'ai longtemps rôdé aussi autour de votre cathédrale, dedans et dehors. Pour des yeux exercés, il y a des réserves de détail à faire dans la restauration capitale actuellement achevée, sauf les perrons, mais la proportion gothique en est saisissante et l'édifice est très beau. De plus, la couleur des matériaux est cette fois absolument appropriée au style de l'édifice.

A votre prochain passage, remarquez, au contraire, combien elle jure avec les colonnes doriques ou corinthiennes de la préfecture, du palais de justice, etc., ... et avec toute espèce d'architecture ayant des rapports de parenté avec le style gréco-romain. (La place du monument est d'ailleurs idéale.)

D'un autre côté, la pierre blanche fait tache sur l'ensemble des constructions antérieures à notre temps qui sont sorties des entrailles volcaniques du pays. On ne peut éclairer le vert très monté de vos paysages qu'avec des bâtisses en brique et pierre claire, grisette et autres, dont on commence à se servir beaucoup à Royat et même à Clermont. — Je suis passé devant votre ancienne maison que je voudrais encore à vous.

Je voudrais bien voir votre femme en meilleur état et aussi votre jeune ménage. Pas d'enfants! On ne remédie pas à cela de quelque façon qu'on s'y prenne. Je pensais à votre Donatienne en voyant hier ce qu'ajoutait à mon jardin Pierrot, accourant dans mes bras et Jean dans ceux de sa nourrice, c'est-à-dire de sa mère. Tout mon monde m'a beaucoup plaisanté sur Royat et sur Royan, mais j'ai laissé dire. Que ne peut-on laisser dire quand on embrasse à tort et à travers les contredisants, en appuyant plus fort sur ces chers petits qui ne contredisent pas du tout et qui sont pour le moment en un état de santé réjouissant!

J'ai retrouvé mon nid intact. L'impatience de se retrouver était égal des deux côtés. Je voudrais à présent faire quelque chose de mon voyage. Je n'ai rien, rien écrit à Vichy que beaucoup de lettres, Paris m'ayant mis en retard de correspondance.

Mille amitiés pour vous; respectueux et affectueux souvenirs pour Mme Doniol. C'est quelque chose que de vous mieux entrevoir à présent dans votre belle installation de la rue Pierre Charron.

J. Buisson.

La Bastide-d'Anjou, 2 août 1894.

Mon cher ami,

Je trouve dans mes notes de Paris ces lignes, avec la mention : *pour Doniol :* « Henri de Chennevières m'a montré au Louvre le superbe lavis de la place Louis XVI à Bordeaux; c'est le projet de Victor Louis. La place devait regarder la mer. Elle eut formé un demi-cercle dont le diamètre est de 900 pieds; le développement de ses façades, joint à celui des bâtiments parallèles au quai, est de 2,600 pieds ; *treize rues de 60 pieds de large avec des trottoirs viennent aboutir à cette place ; elles porteront chacune les noms d'un des États-Unis d'Amérique* et seront terminées aux façades par autant d'arcs de triomphe ; la direction sera celle des rayons d'un cercle et dirigée par conséquent sur la colonne Ludovice élevée au centre de la place. Cette colonne, érigée à la gloire de Sa Majesté, aura la hauteur de 180 pieds et 15 pieds de diamètre ; elle supportera la statue pédestre du roi et sera ornée, dans toute sa hauteur, par des bas-reliefs où seront représentées les principales actions de son règne qui *ont opéré l'indépendance de l'Amérique.* »

Le projet de Louis fut approuvé par lettres patentes du roi le 15 août 1785 à Versailles, lesquelles ordonnaient la démolition du château Trompette et déterminaient les différentes constructions à faire sur son emplacement.

Placé à la source des documents, il n'est pas possible que vous n'ayiez eu connaissance de tout ceci. L'exécution du monument a été commencée et les fondations en étaient faites quand survint la Révolution. S'il eut été exécuté, le siècle de Louis XIV n'eut rien *laissé d'approchant.* Je n'ai pas le temps de vérifier si vous en avez tiré parti, dans votre œuvre, pour indiquer l'effet produit sur les contemporains par le grand événement que vous avez le premier raconté magistralement.

Une photogravure du dessin de Louis exposé au Louvre à une date récente eut été une belle curiosité du dernier volume.

Je demanderai, en tout cas, à H. de Chennevières de me faire faire cette photogravure pour mon exemplaire et j'y joindrai une note manuscrite sur la grande impression que le dessin m'a laissée et sur ce qu'il eut ajouté à la splendeur de Bordeaux. — Bordeaux, à mon avis, le plus grand air de ville française qu'il y ait en France. Mille amitiés.

J. Buisson.

La Bastide-d'Anjou, 5 août 1894.

Mon cher ami,

Ne vous tourmentez pas, j'ai en main tous les documents que vous pouvez désirer. Comme je laissais partir, un jour, mon enthousiasme pour Bordeaux devant Chennevières, il me donna un gros volume grand in-8° de 600 pages, sur Victor Louis par un M. Charles Marionneau. Dans la semaine qui a précédé mon voyage à Paris ou l'autre semaine avant, appelé à Bordeaux par les affaires de mon fils Gustave, j'ai eu deux jours francs pour renouveler mon feu. Au retour, voulant me rendre compte de la génération de cette grande ville, j'ai entrepris la lecture de mon volume et j'en étais plein quand je suis arrivé à Paris. « — Nous avons exposé récemment, me dit Henri de Chennevières, le beau dessin de Louis pour la place Louis XVI. — Ah! mon gaillard, dès demain tu me le feras voir, » — et le lendemain, en effet, je l'ai vu dans une sorte de couloir compris dans les salles d'exposition des dessins au Louvre, — on entre par la galerie Lacazes. Rien de plus facile que de vous faire conduire par un gardien et vous verrez si j'ai surfait l'œuvre et l'homme. Henri de Chennevières est en vacances chez son père en Normandie. Pour la photographie, je ferai manigancer la chose avec Braun, qui est le photographe du Louvre, après le retour d'Henri. Mais Braun est aussi en vacances à Durnach avec ses enfants.

En attendant, si vous voulez le volume de Marionneau, je vous l'enverrai à Paris ou à Antibes; ce sera une bonne occasion d'occuper vos vacances.

Le dessin a 1 mètre 10 de longueur sur 0 mètre 45 de hauteur et, comme tous les dessins d'architecture de nos vieux maîtres, il a l'air d'un monument, tandis que nombre de monuments exécutés par nos architectes modernes donnent l'impression d'une épure.

Je n'ai que le temps de jeter à la poste avant le départ du courrier.

J'étais à Clermont et à Royat le mercredi 25 juillet.

Mille amitiés, affectueux hommages à tous les vôtres.

J. Buisson.

La Bastide-d'Anjou, 12 août 1894.

Mon cher ami,

Votre idée d'un travail d'ensemble sur les réjouissances, projets de fête ou d'embellissement, monuments, qui furent le résultat de la guerre d'Amérique dans tout le royaume et que la grosse révolution a fait oublier depuis, est le complément naturel de votre livre et me semble pouvoir être menée à bien par une correspondance que votre titre de membre de l'Institut rendra facile et productive, avec les archivistes de chaque département où existe une espèce de capitale provinciale.

Ainsi nous tenons Bordeaux qui est énorme dans la question. Je me chargerai de savoir avec Roschalh, archiviste de Toulouse, homme de grande capacité, qui est mon ami, s'il y a eu quelque projet pour Toulouse, et, en tout cas, quelle trace serait restée dans les archives de l'impression du moment. Vous poursuivriez votre enquête pour Lyon, Marseille, Montpellier, etc., etc., et bâtiriez une communication certainement intéressante pour l'Institut.

Je me grise d'air de campagne et ne suis pas encore au travail. Quel lambin ces trois ou quatre dernières années ont fait de moi !

Souvenirs de tous, amitiés, hommages et souhaits bien affectueux pour toutes ces santés branlantes.

J. Buisson.

La Bastide-d'Anjou, 24 août 1894.

Mon cher ami,

Vous avez dû remarquer combien Domat m'a donné raison pour la charpente du front de Pascal. J'ai, de plus, été ravi d'apprendre qu'il dessinait sur ses cahiers et probablement sur les murs de l'école de Droit, comme je l'ai fait quand j'étais étudiant. Il faut vous dire que Domat *est le seul jurisconsulte que j'aie aimé*. Pas plus tard que l'avant dernier hiver, j'ai relu, dans l'exemplaire in-folio des *Lois civiles* qui avait appartenu à mon grand-père et à mon père, les livres du *Droit public*. Cet exemplaire avant d'occuper mon intelligence, avait servi à un usage personnel beaucoup moins noble. Comme il est très volumineux et épais on le mettait sur les premiers sièges que j'ai occupés à la table de famille pour m'exhausser à la hauteur indispensable. Vous voyez que nous nous sommes connus de bonne heure.

Pauvres vénérables in-folios! Qui peut les porter à présent? Et n'ont-ils pas le sort des épées à deux mains dont nul biceps contemporain ne supporterait seulement le poids. Surtout, qui peut en digérer la lecture et la puissante doctrine? Ils sont quelques hommes, dans notre grand passé, qui ont eu une sereine possession d'eux-mêmes incomparable. Domat était de ceux-là. Depuis que j'ai vagabondé dans son siège présidial de Clermont, il va me sembler que je le connais davantage.

Votre journal m'est arrivé exactement et je conserverai ainsi le souvenir de mon impression sur Clermont-Ferrand. Je vous remercie et du journal et du portrait, qui est très intéressant.

Donnez suite à votre projet de travail pour l'Institut, sur la grande inspiration de Louis. Oui, votre oubli est regrettable dans le dernier volume de votre livre, et presque inconcevable puisque vous avez été le préfet du centenaire. Marionneau qui a fait son livre avec des livres, au lieu de voir de ses yeux les dessins et projets, n'a pas eu l'enthousiasme communicatif qui aurait éveillé votre attention. L'occasion est chauve par derrière, disait Bonaventure des Périer. Il me semble qu'en donnant à l'impression et à la reproduction du projet de Louis, le format (l'occasion) du livre on la pourra rempaginer dans la mesure du possible, pour les exemplaires des bibliothèques publiques. Il serait dommage que ce complément naturel en fût, à tout jamais, séparé.

Adieu, mon cher ami, je suis attelé à une étude sur Tissot. Les artistes actuels sont si complexes que le travail est difficile. On ne fait pas attention au renouvellement actuel du personnel artistique depuis l'émancipation des Beaux-Arts et le haut prix de la peinture, qui ont dissous le mandarinat ancien, et cependant cela commence à devenir capital. Mais je n'ai pas le temps de causer davantage.

Bons souvenirs de tous, hommages, amitiés. Il fait un vent « à décorner les bœufs » et nous brûlons pendant que l'Europe entière se mouille.

J. BUISSON.

La Bastide-d'Anjou, 2 février 1895.

MON CHER AMI,

Je ne sais plus bien où nous en sommes de notre correspondance. Je suis sûr de vous avoir écrit au moins deux fois après la réception du petit croquis de Pascal par Domat, mais je ne sais, avec vos pérégrinations, si mes lettres vous ont rejoint. Ces jours passés en lisant que le budget de l'Imprimerie nationale était passé sans encombre ni taquineries, je voulais vous féliciter ; mais votre lettre m'a prévenu et je vous réponds sans avoir encore lu la plaquette sur *Les émeutes du recensement et les sociétés secrètes.*

Je vous ai parlé des deux premières. Si chacun de nous résumait ainsi ses souvenirs, on aurait toutes les nuances des faits politiques contemporains avec une autre certitude qu'on ne la retrouve dans les journaux du temps, là même où il y avait des journaux.

Je n'ai pas été si paresseux que ça depuis que je vous ai vu. J'ai donné des articles à un journal d'art toulousain par manière d'acquit. J'ai envoyé à la *Gazette des Beaux-Arts* réorganisée, qui m'a fait demander quelque chose, une étude sur les eaux fortes de Tiépolo. Cela va paraître bientôt, me dit-on, mais je n'ai pas encore reçu les épreuves.

J'ai publié dans une nouvelle Revue catholique, *La Quinzaine*, un fragment sur l'état religieux de l'âme de M. Thiers — (profil religieux). Je prévois de votre part à ce sujet une objection : est-il permis de regarder dans la conscience de son prochain ? — D'abord, si ce prochain est un homme public dont les convictions religieuses ou seulement les inclinations ont pu influer sur les déterminations politiques, cela devient une question d'histoire. En second lieu, qui dit catholicisme dit prosélytisme, et, que cela les embête ou non, il ne faut pas que nos amis s'étonnent de nous voir très sincèrement préoccupés de leur salut. C'est une preuve d'amitié qui vient, à la fois, de notre foi et de notre cœur, et qui doit rendre ces amis indulgents pour notre tendre faiblesse. Elle mérite qu'on ne l'appelle pas une manie. Je n'ai pas réclamé à temps un petit tirage de ces quelques pages et on n'a pu m'en envoyer après coup qu'en feuilles, que je vous adresse. Elles ont pour pendant un *profil marseillais* du même qui vous paraîtrait plus drôle. Mille bons souhaits de force, de résistance et de santé pour vous et tous les vôtres ; dans l'air où vous vivez, sur la colline de l'arc de triomphe, cela devrait aller de soi. Faites donc le complément de votre livre : *Impressions de la guerre d'Amérique en province.*

Souhaits, amitiés, hommages. A vous de tout cœur.

J. Buisson.

La Bastide-d'Anjou, 15 mars 1895.

Mon cher ami,

En regardant ces jours passés votre photographie (celle en paletot clair) qui vous ressemble si parfaitement, je lui disais à peu près les choses que vous m'écrivez, pendant qu'un troisième retour de neige, survenu en coup de vent, me reclouait dans mon atelier. Il n'y a rien à dire à personne de cet hiver, qui a été partout si détestable qu'il oblige à demander à ses amis s'ils n'en sont pas morts.

Pour ce qui est de moi, il m'a racorni, apeuré, paralysé. Je reste étonné du peu que j'ai fait de ma réclusion en comparaison de ce que j'en aurais fait autrefois. J'ai poussé à l'extrême limite l'accroissement que peut ajouter le fait ressenti de vieillir à la lambinerie d'un lambin.

Pourvu de notes très précises sur le Tissot, sur l'exposition du Champ-de-Mars de remarques intéressantes, je les ai laissé dormir au point d'avoir conçu à la fin l'idée d'un singulier Salon : « Ce qu'il y a dire aux artistes des salons de 1894, à la veille de l'ouverture des salons de 1895. » Finalement ce projet singulier est tombé dans l'eau, comme beaucoup d'autres choses.

Il faut dire qu'Henri de Chennevières m'a jeté dans les jambes un article sur les eaux fortes des Tiépolo que j'ai envoyé depuis bien longtemps à la *Gazette des Beaux-Arts*, dont j'ai corrigé les épreuves une première fois et dont je n'ai plus de nouvelles. Il y avait cinq ou six reproductions de gravures à préparer ; on a dû trouver les originaux à la Bibliothèque nationale. Je n'ai pas envoyé les miens : Paris ne rend rien. Puis, j'ai fait une lecture aux **Jeux floraux** : *Souvenirs de l'atelier de Garipuy*. C'est un portrait d'une vieille tante du peintre Garipuy, curieux rogaton du XVIIIe siècle, et une étude sur Rodolphe Burdin (Chien Caillou) qui a passé huit ans à Toulouse dans son exode bizarre.

Je vous ai dit avec quel intérêt j'avais lu vos souvenirs, qui me remettent dans *notre temps*. Un acteur du *mouvement* à Toulouse en avait écrit un récit très vivant que ses héritiers ont laissé publier dans le *Messager de Toulouse* récemment.

J'ai beaucoup connu le préfet Mahul, sur lequel j'aurais à vous conter des histoires singulières. Esprit distingué, fin, chercheur curieux et sûr de notre histoire locale, ce qui lui manquait surtout c'étaient les qualités d'action, en tout genre. En faire un préfet de Toulouse à ce moment fut une grave erreur de son beau-frère, le député Déjean, ancien préfet de l'Aude, directeur des postes en 1849, autre esprit plus distingué encore et également — comment dirai-je ? — inachevé ou congelé..................

Gustave est souffrant, ayant pris mal, par ce temps pourri, en surveillant ses labourages à la vapeur. Il va avoir 10 hectares de Rupestris Monticolo, Riparia Rupestris, n° 101 [14], Aramon Rupestris, n° 1, Ganzin, Couderc 3103, 3306, 3309, 1202, Berlandieri Chasselas, tout ce qu'il y a de plus chicnosophe en hybrides américains porte-greffes. Il y a retard d'opération; commencée il y a quatre ans, c'était une fortune. Mais l'idée est juste, car si nous faisons infiniment moins de fruit que le Bas Languedoc, nous ferons beaucoup plus de bois.

Souvenirs bien affectueux et respectueux tout autour de vous. Le soleil est sorti, je détale. Mille amitiés.

J. Buisson.

La Bastide d'Anjou, 21 mars 1895.

Mon cher ami,

C'est donc fini, vous êtes libre! Le commun des mortels ne se figure pas combien c'est difficile de donner sa démission. J'apprends la vôtre par les journaux. Il y a, d'ailleurs, des degrés dans cette difficulté......J'ai donné ma démission du Comice agricole, ces jours passés, après avoir vainement cherché une bonne occasion de me décharger depuis trois ou quatre ans. Je prépare ma démission de la présidence du Comité conservateur. Je songe aussi à celle de la mairie. Ces responsabilités me sont devenues très lourdes de toute façon...... Grands enfants, grands soucis. Moi qui rêvais le repos ainsi formulé : Cultiver son jardin, — se souvenir, — cultiver de plus en plus son esprit et son âme. Ah! bien oui. Il faut aller à Bordeaux pour l'un, à Narbonne pour l'autre. Difficultés d'affaires, difficultés d'exploitation, difficultés de caractère, tout vient à la fois. Il n'y a que ma chère Paule qui n'envoie de son Sacré-Cœur que tendresses et bénédictions, avec une présence d'esprit de famille, de souvenirs intimes dont les laïques, traversés et absorbés par mille soins d'affaires, de voyages, sont vraiment incapables, si bons et si tendres qu'ils soient.

.....Contez-moi l'effet que vous fait peu à peu votre démission et la disposition que vous prévoyez de votre loisir. J'ai connu un démissionnaire admirable, c'était mon père. Une fin du XVIIe siècle que nous ne connaissons plus : Se préparer à bien mourir.

Affectueux hommages et amitiés.

J. Buisson.

---

3 avril 1895, La Bastide-d'Anjou (Aude).

Mon cher ami,

J'ai lu non sans émotion dans mon journal qu'un

M. Christian, ex-préfet d'Alger, était votre remplaçant. Votre dernière lettre m'avait ramené sur les manœuvres de presse à l'usage des ambitieux d'à présent; malheureusement, vous étiéz dans l'illusion. La désinvolture ministérielle à votre égard passe la mesure. Il y a des gens qui ne croiront la France en République que lorsqu'elle cessera d'être policée....

Vous refusez de le croire, mon cher ami, mais les Français sont la nation du monde la moins propre à supporter la République; leurs travers surtout y répugnent. Avec elle, le pays d'élection de la sociabilité finira par être intenable. Mais ne parlons pas politique.

Au fond, vous vous prépariez à ce qui arrive depuis plus d'un an et si, par aventure, quelqu'ami demandait officieusement compte à M. Trarieux de son singulier procédé, je l'entends.... A quoi je saurais bien répondre, pour mon compte : « Cela n'empêche pas, M. le Ministre, que vous pouviez lui réserver la satisfaction d'annoncer lui-même sa retraite à ses amis et respecter en lui les services rendus, la dignité de la personne et de la fonction. »

La France égalitaire n'apprendra que par les excès de ces mal élevés, que l'aristocratie, la hiérarchie, la politesse avaient du bon.

En tout état de cause, c'est une espèce d'épreuve que ce changement dans votre vie, et la créature humaine est sensible à ces choses-là; je m'associe donc à l'ennui que vous pouvez en éprouver.

Si j'étais à Paris, nous irions ensemble au Louvre, et, devant le dessin de Louis, je vous accrocherais de force au travail complémentaire dont je vous ai suggéré l'idée. Combien de gens connaissent ce dessin? Il est pourtant fort beau, plus beau que Versailles, que la colonnade du Louvre, que la plupart des combinaisons gréco-romaines de nos grands monuments du XVIIe et du XVIIIe siècles. Ce Louis a une aisance extraordinaire et une sobriété de moyens et d'éléments qui donnent à ses idées une clarté saisissante. Allons! laissez-vous faire.

L'hiver est fini, mais des pluies répétées paralysent

nos travaux après trois mois d'inaction. Gustave est entravé dans sa grosse opération de plantation de porte-greffes de choix sur défoncement à la vapeur. Je soupire en voyant des flaques d'eau dans mes vignes, les greffes sur jacquets gelés, etc., etc. La santé générale est bonne après les accrocs de l'hiver.

Mille amitiés, hommages et bons souvenirs.

J. Buisson.

Ô Buisson inépuisable et si varié de l'âpre pays de Naurouse! Je retrouve après coup cette feuille de vous, mise à part en son temps. Elle l'était en effet de couleur et d'essence. Elle eût bien fait à sa place; mais omise entièrement, elle eût manqué dans cette corbeille léguée avec attrait à vos amis, par celui d'entre eux à qui ont été précieuses, je voudrais dire le plus précieuses, les senteurs vivifiantes qu'elle répand.

La Bastide-d'Anjou, 22 septembre 1889.

Mon cher ami,

Votre lettre vient de faire une agréable diversion aux impressions pénibles de la présidence d'un scrutin. J'ai comme ça, administrativement, de temps à autre, quelques spectacles qui m'induisent en mélancolie sur les civilisés que nous sommes ou croyons être, en retrouvant sous l'épiderme les incivilisés que nous avons été. Je me souviens de certain conseil de revision, où voyant sortir d'un angle obscur de la salle, dizaine par dizaine, des êtres nus, ayant conservé par places les poils originaires, qu'un monsieur en costume palpait comme des bestiaux, j'eus comme une vision préhistorique. Une grande tristesse m'envahit et il fallut qu'on appelât deux fois le maire de la Bastide, perdu dans ses interrogations mentales. Quoi! tant de siècles, tant d'efforts, tant de souffrances, tant de victoires, tant de défaites, tant de naissances, tant de morts... et ce résultat : des sauvages numérés et numérotés pour la guerre!

J'ai vu la semaine passée, dans mon village, des scènes non moins repoussantes..... Que la vue de la grossièreté, de la sottise, de l'exploitation de la grossièreté de la sottise est dur à certains êtres. Amis et ennemis sortent du ton, passent la note; ces êtres se trouvent seuls, seuls au milieu de débraillés, d'emballés, de violents. Ce sont des naufragés au milieu d'une mer houleuse et boueuse. A Paris, dans les grandes villes, vous allez voter et vous rentrez chez vous. Le thermomètre de l'agitation permanente vous a d'ailleurs habitués à une température à laquelle vous ne prenez plus garde. Vous retrouvez votre famille, votre journal, vos occupations. Il ne reste pas de trace de vos impressions électorales. Quelle différence dans un village! c'est une journée de bataille à l'arme blanche sans l'aristocratie de l'épée, en comparaison des combats d'artillerie des capitales.

Les faits académiques que vous me racontez avaient passé inaperçus pour moi, et le prix obtenu, et le prix fondé, et toutes les circonstances qui vous procureront enfin l'honneur bien mérité de membre libre à la première vacance. Ce jour-là l'applaudissement de la Bastide ne devra rien à aucun autre se sachant apprécié comme il l'est.

Il faut connaître de Broglie beaucoup pour l'apprécier ce qu'il vaut. Ce serait un portrait bien intéressant à faire. J'en ai recueilli quelques traits dans un petit séjour qu'il a fait à La Bastide, en allant à Sorèze assister à l'inauguration de la statue du P. Lacordaire. Il est à la fois timide et distrait. C'est ce qui lui a fait dans le monde une réputation de morgue ou d'impertinence. Le résultat, en effet, est le même pour la galerie. — Devrait vous saluer avec un sourire, et ne vous voit pas et passe. L'animal! s'écrie le plus familier de nos instincts, l'amour-propre; un moment après, vous apercevant, il vient à vous de lui-même et vous serre très affectueusement la main. Distrait, me disait son beau-frère d'Haussonville, il ne pense pas à une autre chose, il pense à dix choses en vous écoutant, mais si vous tombez sur l'une des dix, gare à vous, il sera étourdissant. Ajoutez la timidité, qui produit une hésitation habituelle dans les témoignages de sympathie, hésitation qui n'est pas aimable et supprime le liant. Enfin, physiquement, il lui manque comme homme l'attrait de l'abord, comme orateur la voix. Cette destinée a une certaine grandeur mélancolique, la grandeur des forces sans emploi dans leur moment et dans leur temps. Supposez son éloquence, sa culture avec une voix proportionnée, supposez le même ministère des affaires étrangères du duc de Broglie *depuis 1870*, en quelle autre posture nous serions devant Bismarck et devant l'Europe ? Il sait, celui-là, il voit, il veut, et pour moi qui l'ai vu de près, s'il a une grande détermination, il a un grand courage. C'est d'ailleurs une grande nature morale et une âme religieuse..... Mais les élections se pressent, vous me faites faire des bêtises ; je mets des cartes d'électeurs dans l'urne — affreux coffre, — à la place de leurs bulletins ! Enfin ! voilà un bon moment de passé. Amitiés pour vous, hommages affectueux, souvenirs pour tous les vôtres. L'encombrement de cette année d'exposition et d'élection obstrue la vrai vie amicale et intime. Il y a une chose que le monde nouveau quel qu'il soit enviera à l'ancien : Le loisir, œuvre de Dieu : *Deus nobis*, etc.

J. Buisson.

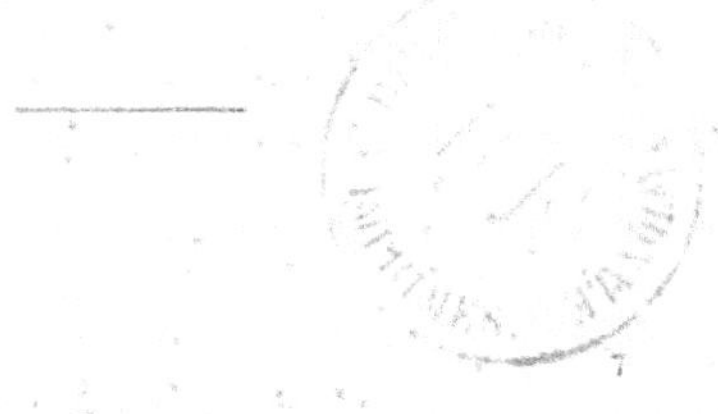

Le Puy. — Imprimerie R. Marchessou, boulevard Carnot, 23.

www.ingramcontent.com/pod-product-compliance
Ingram Content Group UK Ltd.
Pitfield, Milton Keynes, MK11 3LW, UK
UKHW020339180726
13839UKWH00002B/794